子どもの進路とキャリアに迷ったら読む本

うちの子、医学部ってアリですか？

医学部専門予備校
京都医塾

CROSSMEDIA PUBLISHING

はじめに

「医師になりたいという夢を応援したいけど、具体的に何をしてあげたらいいのかわからない」
「うちの子、この成績で本当に医学部を目指せるのかしら」
「医学部を目指すと自分から言ったのに全然勉強に身が入っていない」
「心配をして注意をしても、子どもが言うことを聞いてくれない」
「やっぱり医学部はあきらめさせたほうがいいのかしら……」

医学部を目指されるお子さまを持つ保護者さまは様々なお悩みをお持ちです。

医学部合格は、現代の日本において最も過酷な受験勉強を勝ち抜かなければいけない「狭き門」です。保護者さまの負担も少なくありません。医学部に合格しても6年後には医師国家試験[*1]があり、そこで医師免許を取得した後にも2年間の臨床研修[*2]が続きます。一人前の医師になってからも自分の判断や行動が患者さんの生死に直結する仕事で、常に非常に大きな責任を背負いながら働くことになります。

保護者さまが不安に思われるのは当然のことです。

私たち京都医塾は京都の地で30年以上、医学部専門予備校として合格に向けて戦う生徒たちをサポートしてきました。

私たちは年間300組ほどの入塾面談を通じ、保護者さまの持つ不安やお悩みに耳を傾け、お話をすることで不安を軽くし、悩みを取り除き、医学部合格を成し遂げるために必要なこと、やってはいけないことをお伝えしてきました。ありがたくも保護者さまから「京都医塾にまかせてよかった」と、毎年のように感謝のお手紙を頂戴しております。

＊1 医師免許を取得するための国家試験。毎年2月中旬ごろに施行される。なお、医師免許は厚生労働大臣より個人に与えられる免許

＊2 医師免許取得後に行われる医療現場での研修(初期・後期)。2004年から2年以上の初期臨床研修が必修化された

私たちは、医学部専門予備校ですが、無条件に医学部受験を勧めていません。「京都医塾に入塾すれば、必ず合格できますよ」とも言いません。その理由は本書を読めばおわかりいただけるはずです。

本書では私たちの長年にわたる経験をもとに、入塾前にお伝えする内容や、京都医塾で医学部合格に向けて全力で戦う生徒・保護者さまに向けてお話ししていることのエッセンスをお届けいたします。

第1章では、多くの保護者さまが持つ「医学部受験に対する誤解」について、実際のところを医学部受験の最新情報も用いながらご説明します。

第2章では、京都医塾塾長の清家と、医師で起業家としても活躍されている株式会社ウェルネス代表取締役の中田航太郎氏との対談をまとめております。

第3章では、医学部に合格する子どもたちの共通点や、医学部受験に挑むお子さまに対する声掛けなど、保護者さまが気になる点について解説いたします。

第3章の後には、経済アナリストの森永康平氏にご寄稿をいただきました。

医学部合格までの過程で得た力は、その後の人生の糧になります。医学部受験・医学部合格という体験は、その後の人生において困難に直面した際に、前に進むための原動力のひとつになると、私たちは考えています。

本書が、みなさまの医学部受験や進学に関する疑問を解消し、大切なお子さまの可能性と未来を拡げる一助となれば幸いです。

第2章

対談　医学部受験がもたらしてくれるもの

第3章

医学部に合格するために

第1章

医学部受験の現実

医学部受験に必要なものとは何か

京都医塾では、入塾前に必ず「医学部合格診断」を受けていただきます。オンラインで実施することも可能ですが、ほとんどの場合、実際に京都にお越しいただきます。いずれの場合も、2回の三者面談を含む診断プログラムです。

京都に到着されると、まず最初に「カウンセリングシート」と私たちが呼んでいるシートに、医学部合格診断を受けてみようと思ったきっかけ、これまでの学習状況、今困っていること、相談したいことなどを記載していただきます。そのシートも使いながら、約2時間かけて1回目の三者面談を行います。その後、お子さまには学習到達度テストや体験授業を受けていただき、最後にカウンセリングシートや分析テストの結果、体験授業を担当した講師の分析レポート等を踏まえて、あらためて2回目の三者面談を行い、総合的な分析結果の報告を行います。

「カウンセリングシート」の項目はすべて「医学部合格診断」に必要かつ重要な要素なのですが、特に私たちが重視するのは、①「医学部の志望動機」と、②「モチベーション」に関する回答です。

まず、①について「なぜ『医学部』なのか？」という質問をしますが、多くの子は、まるで医学部入試の面接試験のために用意したような模範的な答えを返してくれます。例えば、「○○県の地域医療に貢献したいから」「日本の医療を発展させたいので」といった内容です。

そのようなとき、私たちは、「医学部入試の面接試験ではないので、本音を話してくれてかまいませんよ」と伝えます。すると、「実は親が医師なので、なんとなく」であったり、あるいは「経済的に安定していそうだから」

などと本音を話してくれます。

「何が何でも医師になりたいですか？　そのために何年かかっても、医学部に合格したいですか？」と尋ねると、ほとんどの子が「はい、何年かかっても必ず医師になりたいです」と答えます。

しかしその後に、「現状から医学部合格まで何年かかると自分では予想しますか？」と聞くと、「次の春の受験で合格を勝ち取りたい」と主観的な「希望」に近い答えが返ってくることが多いです。

何年かかっても医学部に合格したい、決してあきらめないし、そこまでやり続ける覚悟がある、とは言っていますが、それは、「実際に何年もかかると予想されるが、それでも何年かかってもやり遂げます」ではなく、「おそらく、今年で何とかなるだろう」という希望的観測に基づいたものであることが非常に多いのです。

なぜ、わざわざ私たちがこのような質問をするのか。それは、本気で医学部受験にチャレンジするのであれば、子どもたちに医学部受験の過酷な現状や合格するためのハードルの高さを、しっかり理解しておいてもらいたいからです。

もうひとつ例を挙げましょう。

例えば、「医学部受験生としてのここ1年の生活リズム」についての質問に対する回答です。これには、②の「モチベーション」の高さも表れます。その回答内容を見たうえで、「これから始まる医学部受験までの厳しい毎日」を具体的にイメージしてもらうべく、私たちは次のように話し、「変わる覚悟」があるのかを問います。

「去年の生活については、よくわかりました。去年は全力で、１００％勉強に注力していなかったということも聞きました。では、ここからです。本気で医学部を目指すというのであるなら、合格する日まで、医学部合格に不要なことは一切できなくてもいいと思って努力を続けなくてはなりません。仮にそこまでの努力をしても、必ずしも合格できるわけでもありません。全力で何年か頑張ったけど、残念ながら合格できず、どこかのタイミングであきらめる、そんな人が医学部受験においては大多数なのです。あらためて尋ねます。あなたはそれでも、この厳しい医学部受験という戦いの中に入り込むという選択をしますか？」

医学部受験に突入するには「本気の覚悟」が必要です。合格するまで全力で努力を継続することが不可欠です。そして、たとえ「本気の覚悟」を持って限界まで努力したとしても、必ずしも合格できるとは限らない、それが医学部受験なのです。

毎年、限られた枠をめぐって非常に多くの受験生が医学部受験に挑戦します。何年間も浪人して医学部受験に挑み続ける人もいますが、最終的に「やっぱり合格できなかった」という結果になる人がたくさんいます。

私たちが、「医学部受験は全力で努力しても『ほとんどの人がその夢を叶えられないチャレンジ』です。それでも挑戦しますか？」と問いかけるのは、医学部受験の厳しさをあらためて認識してもらうためだけではなく、その子がどれだけ覚悟を決めているかをはかるためでもあるのです。

「本気の覚悟」がなければ合格はできない

近年、本気で「医師になりたい」と考えて、京都医塾の門を叩く受験生が増えていると感じています。

その要因のひとつが、新型コロナウイルス感染症の拡大です。学校も休校、あるいはオンライン授業になり、友人と直接会うことができなかったり、修学旅行や卒業式といった学校行事がなくなったりと、子どもたち自身の活動も大きく制限され、生活様式も変わったことでしょう。未曾有の事態に世界中がパニックになり、連日、メディアでは医療現場の過酷な現状が報じられました。医療現場の過酷さや、医療に従事される方々の懸命な姿を数多く目にしました。

今後、長期的に見ても、医療を取り巻く状況は決して明るいとはいえません。コロナ禍でクローズアップされたように医師の仕事は過酷で、責任も重大です。しかし、この時代において、あえてその厳しい状況の中に自らの身を投じ、積極的に医師になりたいという思いを抱く受験生が増えているのです。しかも「何年かかったとしても必ず医師になるつもりです」と言う受験生が増えたように感じます。

私たちはそれをとてもうれしく、頼もしく思う一方で、「医学部専門予備校」のプロフェッショナルとしてはあえて、そんな受験生を受け入れる前に、彼らに「一度立ち止まって考えること」を求めています。実際に、「医師になりたい」と京都医塾の医学部合格診断にお越しになった受験生に、その「本気度」や「覚悟」を問い、医学部受験の厳しさをはっきりと伝えているのです。

ここまで読んでこられたみなさまは、「本気の覚悟」とは何だろうと思われたことでしょう。

「本気の覚悟」とは、医学部受験の厳しい現実を理解したうえで、合格に向けて正しい行動を取ることができる強い意志のことです。「本気の覚悟」を持った子どもは、行動が変わります。言動も目つきも、誰の目から見ても明らかに違う姿に変わるのです。

「医師になりたい」という夢を持っているものの、医学部受験の現実を知らないお子さまに対しては、「頑張ればきっと合格できる」などと無責任に煽るのではなく、あえて「やめておくなら、今である」「それでも医学部受験の道を選ぶのであれば、『本気の覚悟』を持ってほしい」と伝えることが、結果としてその子のためになる。それが医学部専門予備校 京都医塾としての責任だと考えています。

私たちは、「本気の覚悟」を持つ受験生の「医師になりたい」という夢を叶えたいと考えています。医学部受験はお子さまにとって大きな人生の転機です。生半可な気持ちで始めた結果、後悔するということになってほしくないと考えています。

医学部受験の実態

前項でも述べたとおり、大多数の子どもは、医学部合格のハードルの高さを正しく理解していないものです。私たちは、入塾前の面談で『希望』ではなく客観的に見て、何年後に自分が医学部に合格していると予測しますか？」と尋ねますが、ほとんどが「次の春」、少し控えめな子の場合でも「来々春には……」と答えます。

しかしお子さまの現状を分析すると、多くの場合その予測は正しくありません。その予測は「希望」にすぎず、正しい分析に基づいた客観的な評価ではありません。ほとんどの受験生は、うまく合格できた先輩の例しか見ておらず、「合格した先輩もいるし、自分も受かるのだろう」と楽観的に考えていて、実はその何倍もの人が、なんなら自分よりも成績が優秀で、さらに努力してきた先輩たちですら、不合格に終わっているという事実を認識することができていません。

特に、医学部に進学する生徒が多い名門高校ほどそのような例は多いものです。多くの生徒が「合格者のうちのひとりに自分も入れるはずだ」と無邪気に信じ、「それなりに勉強すれば、受かるだろう」「今の自分ではまだ合格できないかもしれないが、これから本気を出せば合格できるようになるだろう」と思っているのです。ほんの一部の合格した先輩に対して、夢をあきらめた多くの先輩がいるにもかかわらず、なぜか当然前者になれるというイメージを持ってしまうのです。

では、実際医学部受験はどれくらい難しいのでしょう。

医学部受験に合格する目安は「偏差値65」です。このことを感覚的に理解してもらうため、私たちは「京都大学の医学部以外の理系学部が偏差値65であり、それと同程度の偏差値がなければ、私立大学の医学部には合格できない」と説明しています。

偏差値65以上の受験生とは、人数でいうと受験生全体の上位6～7％に相当します。私たちは医学部合格診断で「あなたは全国の理系受験生の上位6％に入っていますか？　あるいは入れると思いますか？」「現時点でそこに入っていないのであれば、先行している上位の受験生を追い抜いていけますか？」「あなたは、周りにいる医学部に合格した先輩や友人たちと同等、もしくはそれ以上の実力となるまで勉強を続けられる自信がありますか？」などと尋ねます。

医学部受験は、まじめに勉強したからといって、必ず自分の目標とした期間内に合格に到達できるとは限りません。

「あなたのライバルは、すでにあなたの先を走っている子たちです。彼らを追い抜いていかなければ、あなたの偏差値（＝相対順位）は上がりません。そして最終的に100人中6位の受験生までを追い抜き切らなければ、自分が医学部に合格する候補者にはなれないのです。あなたに与えられた時間は彼らと同じで、あなたが勉強している間、彼らも勉強しています。自分より現時点で偏差値の高い（相対順位が上位の）人たちを追い抜いて成績を上げるのは、マラソンに例えるなら、自分より前を走っている、自分よりも足の速いランナーを、彼らより速く走り、追い抜いていくことと同じです。それが難しいことは容易に想像できるでしょう。

自分より足の速いランナーを追い抜いて順位を上げるためには、前のランナー以上のスピードで走るしかありません。しかし、各人の最高スピードは、今までの訓練の結果にも依存しており、本気になったからといって、いきなり自分の最高速度が上がるわけではなく、その最高速度を上げていくための訓練と時間も必要なのです。

そして、一般的には、このレースは時間が経つほど、先行している人が後続に差をつけていく勝負なのです」


例え話を使いながら、ここまでかみ砕いて現実を伝えると、お子さまの目つきはようやく変わっていきます。この現実を理解したうえで、状況をひっくり返して、医学部に逆転合格していくためには、「医学部に行きたい」「医師になりたい」と願うばかりでは決して叶わず、他のことを犠牲にしてでも、全力で行動する必要があります。「本気の覚悟」を持たずに「医学部に行きたい」と言うのは、親との約束を守らないのにそれでも「あのお菓子が欲しい」とスーパーの床に寝転んで駄々をこね続ける子どもと同じなのです。

私たちは、医学部合格のボーダーラインに達するために、どのくらいの学習量が必要なのかについてもお話しします。医学部合格診断では、独自の学習到達度テストと体験授業を受けていただくことで分析を行い、具体的に状況をご説明し、「何をどう変えていくべきか」「何をどこからどのように進めていくべきか」という学習の方針をお伝えします。そのうえで、入塾後の面談では、「これからの1年間で、私たちが提示するメニューに本気で取り組んだ場合の成績の上がり具合と可能性はこれくらいで、その結果、今年医学部に合格できる確率は△%である」ということもお伝えしています。

京都医塾塾長の清家は、信州大学医学部を卒業しました。医学部卒業後は、医師の道を歩まず教育の道を選びましたが、医学部受験やその後の医師免許取得の難しさは理解しています。だからこそ私たちは、「とりあえず医学部を目指しましょう」などと軽い言葉は選ばず、具体的な数字や事例を示しながらその現状をお伝えするようにしています。

世の中には「医学部を受験したけれど、合格できずあきらめた人」が大勢います。いくら勉強しても合格ラインに達することができず、どこかのタイミングであきらめた人たちです。なかにはその過程で心身を病んでしまう方もおられます。

多くの保護者さまは、こうした医学部受験の厳しい現実をご存じありません。

京都医塾の医学部合格診断には、これまで1000を超えるご家庭に参加していただきました。その多くの保護者さまは、「うちの子はまだまだだけど、今から1~2年、本気を出せば合格できるだろう」と考えておられます。

実際、京都医塾の合格診断の分析結果を見て、「今は合格レベルに満たないけれど、とにかく京都医塾に入塾さえさせれば何とかなるだろう」という期待を持っていらっしゃる方もいます。

私たちは、そんな保護者さまにも現実を認識していただくため、客観的なデータを提示して医学部受験の厳しさをお伝えしています。「京都医塾に入れば自動的に医学部に合格できるものではない」ともはっきり話します。このように現実を包み隠さずお話しすることが、人生の転機に京都医塾を頼り、ご相談いただいた受験生、そのご家族に対する、プロである医学部専門予備校 京都医塾の誠意であると考えています。


ここまでお読みいただいたみなさまの中には、「うちの子は、『本気の覚悟』ができていないかもしれない」とお考えになる方もいるでしょう。

しかし、今までそうであったからもう無理というわけではなく、「これから変わることができるか」が重要です。

大切なのは、この厳しい現実を知ってなお、「今日からは『本気の覚悟』を持って、まずは医学部合格まで全力で努力しよう」と決め、その瞬間から実際の行動を変えられるかどうかです。

「現状」の延長線上に「医学部合格」がなくても、受験生自らが変わることができれば、未来が変わる可能性はあります。分析を受けて現状を理解し、私たち京都医塾のアドバイスを素直に受け入れ、未来を変えるために本気で行動できるかどうか。それが成否を分けるのです。

医学部合格診断を受けて、医学部受験の現状と自分の現状を知り、覚悟を決めたその瞬間が本当の医学部受験のスタートラインに立った日なのです。

自分なりの「医師になりたい理由」を持つ

医学部受験を決意する子どもたちは、18歳という若さで職業、つまり今後の生き方を決めることになります。これはかなり特別なことです。

医学部以外の学部の場合は、大学進学後、大学での学問や経験、そして就職活動などを通じて自分の職業を決めることも多いです。18歳で「自分は絶対に医師という仕事に就く」と決意するのは、大きな覚悟を要します。

この点でも、「医学部受験」には覚悟が必要だといえます。

医学部を目指す理由として多いのは、「親が医師だから」というものです。子どもは親を見て育ちますから、幼いころから「医師」という職業を間近に見てきて、「親の仕事＝医師」を目指そうと思うことは自然なことでしょう。なかには、「代々続く医師の家に生まれたから、自分も絶対に医師にならなければならない」と医師を目指している子もいます。


「親が医師だから医師を目指す」という子の場合は、その背景がプラスに働くケースと、マイナスに働くケースがあります。

前者は、幼いころからそれが当然だと考えており、医師の仕事のすばらしさに対し真っすぐな憧れを持っていることが多いです。「親が医師」という環境は、ときに「医師にならなければならない」という重圧になることもありますが、多くの場合、子どもはそれをポジティブなモチベーションに変え、迷いなく受験勉強に取り組むことができます。

一方で、「親が医師である」というプレッシャーに押し潰されそうになっている子や、実は、自分には医学部進学の意欲がそこまでないのに、あるいは本当は別の道に進みたいけれど、親が医師であることから医学部を目指さなければならないと感じている、後者のタイプの子もいます。

私たちはこのような事情でモチベーションが上がらないお子さまには、あらためて本心を確認するようにしています。具体的には、「本当に、自分の意思で、何が何でも医師になりたいのですか？」と尋ねます。返答に迷っている場合には、「では、『君は、何らかの事情で、もう医学部には行けないことが確定しました。医学部以外の選択肢を探してください』と言われました。真剣にそのシーンを想像してください。今、どんな感情ですか？」と尋ねます。それに対して、「それは絶対に嫌だ！」と感じるのか、「まあ、仕方がないか」あるいは「よかった、解放された」と感じるのかを確認します。

それまで、本人にどこまで自覚があったかによらず、本気で医師になりたいと思っているお子さまは、この質問に対して必ず「絶対にあきらめたくない」「医学部に行きたい」「仮に予備校に行かせてもらえなくても勉強して医学部を目指したい」などと返事をします。私たちは、「では、本当に医学部に行きたいのであれば、自分の言葉で保護者さまに『医学部に行きたいです。お願いします』と頭を下げるべきです」と伝えます。お子さま自身が頭を下げて「医学部受験をさせてほしい」とお願いできるだけの気持ちがあれば、本気です。

ちなみに、一見するとお子さまに本気度や、やる気があまり感じられないようなケースでも、本当は心の中では医師になりたいと思っていることがあります。例えば、お子さまが今の自分の成績では到底目標に届かないと感じていて、「絶対医師になりたいと思っている」などと口に出したら「その成績で？」「その生活態度で？」と笑われ、馬鹿にされるのではないかと考え、言うこともできず、行動もできないでいる場合です。自信を喪失している状態ではなかなか、その意思を前面に出して全力で努力することも難しいものです。このような場合も、親御さんに対するコンプレックスや学校や塾でのつらい出来事、過去の友人関係での失敗が原因であったりすることも多いのですが、非常に繊細な部分なので、ヒアリングや本心の見極めは、慎重に行う必要があります。

受験するのはお子さま自身です。「親に言われたから」などと「誰かのせい」にしながら覚悟を持たずに医学部受験を続けていても、合格はできません。その結果、合格できずに後悔するのもお子さま自身です。

「本気の覚悟」を持つには、自分の意思で医学部受験を選ぶことが必要なのです。

実は、塾長の清家も医師の家庭に育ちました。祖父も父親も医師で、母親のほうも医師家庭です。子どものころからなんとなく「自分は将来医師になるんだろうな」と感じていたようです。親が患者さんから「ありがとうございます」と言われている姿を目にしたり、看護師さんの「代替わりして、あなたが院長になっても、私たちのことを雇ってね」というような他愛もない冗談を聞いたり、そんな環境で育ったので、「自分は医師になるんだろうな」という気持ちを自然に抱いていたのだと思うと、保護者さまとの面談でも話しています。

同じように、医師の家庭に育った子たちには、幼少期から何となく医師を目指しはじめる方も少なくありません。大切なのは、それが本当に何であってもいいので「自分が医師になりたい理由」をしっかり持つことです。

医師という職業のリアル

私たちの入塾面談では、医学部を目指す子どもたちに、医学部受験の厳しさだけではなく医師という職業の厳しさについても必要ならばお伝えすることがあります。

どんな職業を選んでも、それぞれの大変さがあります。しかし、医師という職業は、自分の判断や行動がそのまま人の命すら左右する可能性があるという点において他の職業にはない厳しさがあり、重大な責任が伴う仕事です。

医学部は、卒業すること自体も簡単ではありません。医学部に合格しても、当然ながら進級試験や卒業試験に向けて、6年間さらに大変な勉強が続きます。

座学だけではなく実習も重要です。実習では、10代後半から20代という若い時期に、「人間の命」に向き合い、触れるという、非常に重要な体験をすることになります。

医師になれば、科にもよりますが、数時間にわたる手術を立ちっぱなしで行うことも当たり前になります。知識や技術だけでなく強靭な体力や精神力が必要です。つらいから、疲れたからといって手を止めることができない仕事です。自分の感情よりも優先すべきこともいくつも出てきます。強い使命感を持ち、一人ひとりの患者さんに、平等に向き合わなければなりません。

京都医塾塾長の清家も、医学部での実習のときの経験を、今でも覚えていると言います。小児科の実習で、余命わずかな子どもの患者さんを担当する中で、感情移入してしまい、亡くなったときに非常に大きな喪失感を抱き、「こんな気持ちを引きずってしまっていては、生きている患者さんに対応できない」とも思いました。別の実習では、患者さんの気持ちに引きずられてしまい、心のバランスが崩れかけたこともあると話しています。

医師になると、日々人の命に関わりながら生きることになります。だからこそ、医師である自分がしっかりしていなければ、患者さんを救うことなどはできません。それだけやりがいがあるのですが、精神的にも肉体的にも相当に強くなければ務まらない、とても厳しい職業です。

仮に医学部に合格できたとしても、それはようやく一人前の医師になるための厳しい道のりの入口に立ったにすぎません。これらの現実を知ったうえで、「それでも医師になりたい」と「本気の覚悟」を持つ子どもたちに対して、私たちは「ありがとう」という気持ちを伝えています。

清家は医学部を卒業し、教育の道を選びました。貴重な青春を勉強に費やして医学部を目指し、人生をかけて患者さんを救いたい、人々の健康のために貢献したいという強い思いを持つ生徒たちを全力でサポートしたいと話しています。現在、実際に医療の現場で戦っておられる、医師、医療関係のみなさまはもちろん、京都医塾の生徒をはじめ、医師を目指すすべての方に、心からの感謝を伝えたいという思いを胸に、塾長として日々生徒に向き合っています。

医師という厳しい職業を本気で目指す子どもたちが、その思いを叶え、10年、20年の後には、それぞれが選んだ形で、医師としての理想を叶えていてほしい――。そのためにも、その入り口となる医学部受験という人生の「転機」において、私たちは全力でサポートしたいと考えています。

医師を目指す子どもを待ち受ける「3つの厳しさ」

医師を目指すにあたって、お子さまは次の3つの厳しさに直面することになります。

① 医学部受験の厳しさ

② 医学部入学後、進級し、医師免許を取得することの厳しさ

③ 医師として働くうえでの厳しさ

本気で医師を目指すのであれば、お子さま自身も保護者さまも、この3つの厳しさに直面し、乗り越えていく必要があるということを覚悟しなければなりません。そして実際に、この3つの厳しさを乗り越えていく、その過程で必ずお子さまは大きく成長していくのです。

ここからは、上記の「3つの厳しさ」についてお話ししていきましょう。

①　医学部受験の厳しさ

「医学部受験」は、医師を目指すお子さまにとって最初の壁といえます。

ここまで述べたとおり、医学部受験は一般に想像される以上に難しく、合格するためには集中的かつ継続的な勉強が必要です。医学部合格に必要なレベルにまで学力を上げるためには、多くの場合、1日のほとんどの時間を勉強に費やし、ほかのことに時間を使いたいという気持ちに打ち勝たなければなりません。これは相当に大変です。心身の健康を維持する努力も必要です。

これまで触れていなかった学力以外の点については、「面接」も重要です。現代の医学部受験では、ほぼすべての大学で二次試験において面接が課されます。私たちは入塾した高卒生に対し、「知っておくべき医学・医療事情の最新動向」についても、1年を通して授業を設定し、レクチャーします。入試本番の2次試験の直前に数回だけ模擬面接をしたところで、付け焼き刃の知識は面接官に見破られます。現代の医療問題について、その知識と自分の考えを論理的にまとめ、伝える力を、身につけていくことが不可欠です。

このほかにも合格に必要な要素がいくつかあります。

例えば「生活リズム」がそうです。私たちは、学習の効果を最大化させるために、授業や授業外の学習時間のスケジューリング、あるいは睡眠時間の長さや食事の内容などといった体調管理に至るまでアドバイスをします。個人の体調・持病などによってアドバイスの内容は変わります。例えば、「あなたの最適な睡眠時間は6時間ですね。では、24時までに寝て6時には起きてください。起きている18時間のうち4時間は、食事・入浴・登下校など生活するための時間として必要ですね。そうすると、残りの14時間しか、勉強に充てられません。このうち、授業の時間を除いた授業外の学習時間のすべてを担任と一緒にスケジューリングし、それに従って学習を行っていきましょう」といった具合です。このアドバイスを徹底的に守ることができれば、学習効果は最大化され、結果が大きく変わります。

マインドセット*やメンタルコントロールについても同様で、本番で最大の力を発揮するためのマインドセットは、1年を通して意識し、セットし、実行できるものにしていく必要があると考えています。入試直前に初めて知っても実践できるものではありません。たとえ模試でいい結果を出せるところまで学力がついたとしても、入試本番で合格点を出せないのであれば、医学部受験という勝負では勝ちきることはできないのです。

② 医学部入学後、進級し、医師免許を取得することの厳しさ

先に述べたとおり、医学部に進学すると、一般的な学部とは異なり、進級、卒業のためにずっと勉強を継続する必要があります。1年生から6年生まで

＊もともとは心理学の専門用語。「マインド」とは、日本語では「心」「精神」。「マインドセット」とは、人が物事を判断したり行動したりする際の、「その人の基本的な考え方や思考パターン」を指す

進級試験を順にクリアしていかなければ、実習を受けたり医師国家試験を受けたりすることさえできません。
医師である保護者さまにこの話をすると、多くは「自分のときは、そんなに大変ではなかった」とおっしゃいます。かつてはそうだったかもしれませんが、医学は年々進歩し、新たに学ぶべき内容は増える一方です。現代の医学生たちが、医師になる前に身につける必要がある知識は、以前よりもかなり多くなっているのです。

医師国家試験においては、求められる知識量が膨大であるため、ひとりで対策するのはほとんど不可能だと言われます。そのため、多くの医学生は勉強会のグループをつくり、友だち同士で協力し合い、それぞれが予習・準備する分野を分担し、教え合っています。医師になるにはこうした協力体制も不可欠で、実際に学年でトップクラスの成績の医学生であっても、ひとりで勉強を続けていたために、国家試験に落ちてしまったという話もあります。

③ 医師として働くうえでの厳しさ

医師になると、様々な場面で、人の命に直結する仕事をしている、ということを実感することになります。

医師には、他者の生命を救える可能性もありますが、その逆もあります。実際に医師として働いたことがない人には想像ができないほど、重い責任がのしかかります。

ここで、京都医塾塾長清家の医学部時代の友人の話をしましょう。とても魅力的な友人で、医学部在学当時から周囲に「臨床医として働くだけではなく、起業してビジネスがしたい」と繰り返していたそうですが、その友人が医師になり研修1年目に、清家に電話をかけてきたことがあったそうです。開口一番、「人を殺してしまった」と言い、続けて「当直の晩に、治療した患者が亡くなってしまった。自分の判断のせいだ」と話したとのことでした。

その友人はいつも明るくポジティブでしたが、そのときの落ち込みようは今でも覚えていると清家は言います。医師になれば、こうした事態に日々直面する可能性があるということです。

また、今後の日本においては少子高齢化が進み、それにつれて医療現場の負担はますます増していくと言われています。2025年には65歳以上の人口の割合が30％を超えると予測されています。後期高齢者が急増する一方で若年層の人口は減少し、医療における需要と供給のバランスも崩れ、病院数の減少や医師不足といった問題が生じ、医師の負担はますます増えていくおそれがあると指摘されているのです。

コロナ禍のような、想像もしなかったような深刻な危機が起こるかもしれません。そうした状況においては、医師は我が身を犠牲にしてでも医療の現場で最前線に立ち続けることを求められます。「医師になりたい」という夢が叶っても、なかにはこうした厳しさに耐えかねて、心身を病んでしまう人もいます。医師は、それだけ責任の重い職業なのです。

「医師の役割」の多様化

今後の日本において少子高齢化によって医師の負担が増すという話をしましたが、負担が増すだけでなく、これからの医師には、さらに多様な役割が求められていくと考えられます。

「医師の仕事」というと、「患者さんを治療する」というイメージを持つ人が多いかもしれません。しかし、医師全般の職務や資格などを規定する「医師法」の第一条には、次のように定められています。

医師は、医療及び保健指導を掌ることによつて公衆衛生の向上及び増進に寄与し、もつて国民の健康な生活を確保するものとする。

このように、1948年に制定された医師法第一条で、医師の役割は公衆衛生の向上と増進に寄与し、国民の健康を確保することであると述べられており、これを実現するために、医師のみなさまは実際に、病気を予防し、人々の健康な状態を維持するということに尽力してこられました。

最近では「予防医学」という言葉がよく聞かれます。「予防医学」とは、「病気になってから治療を受けるのではなく、健康な状態を維持することが重要」という考え方で、上記の医師法第一条で述べられていることにも通じます。

病気を抱えた高齢者が増えると、ひとりの医師がより多くの患者を診察することになり、医師への負担が増大することが懸念されています。医療現場の逼迫を防ぐためにも、国民一人ひとりのＱＯＬを向上させるためにも、「病気にならない健康な状態」を長く維持させるという役割も、これまで以上に、これからの医師には求められていくでしょう。

第２章でご協力いただいた中田航太郎医師は、医学部を卒業後、救急総合診療医として医師のキャリアをスタートした後に起業し、現在は「予防医学」に取り組んでいます。

中田医師が予防医学に興味を抱いた直接的なきっかけは、大学5年生時の臨床実習での体験にあるそうです。心臓血管外科の実習中に、50歳くらいの心筋梗塞の患者さんが運ばれてきて、9時間ほどの大がかりな手術となりました。この患者さんは、奇跡的に一命をとりとめ、ご家族も涙を流して喜ばれたのですが、その中で中田医師は次のように考えたといいます。

「この患者さんは一命をとりとめて、ハッピーエンドとなった。しかし、ハッピーエンドにならないケースもたくさんあるのではないか？　このように生死をさまよう事態に陥る前に、自分にできることはないだろうか」

また、中田医師はほかの患者さんと話す中で、次のような言葉をよく聞いたそうです。

「10年以上前から健康診断で悪い判定が出ていたけれど、忙しくて病院に行けなかった」
「ずっと高血圧を指摘されていたけれど、大丈夫だろうと思って放置していた」
「タバコは体に悪いとわかっているけれど、禁煙できずにいた」

患者さんたちの多くは、自分の不調やその予兆を自覚していたり、周囲や医療機関から指摘されていたりするのに、改善のための行動を起こしていない――。しかし、危機的な状況になってから病院を受診しても遅いのです。もし何とかなったとしても、そこからリカバーするのは本人にも医療スタッフの方にも大きな負荷がかかります。中田医師は、「不調になってからではなく、不調になる前の段階で医師に相談すれば、長く健康でいられて、その人にとって幸福感が増すのではないか」と考えました。そして現在、株式会社ウェルネスで、最先端の予防ケアサービスを提供しています。第2章はそんな中田医師とのお話をまとめていますので、是非お読みください。

これから医師になろうとする子どもたちには、「患者を治療する職業」という、一般的に世間からも認知されている医師像だけではなく、「病気を未然に防ぎ、健康な状態を長く維持する職業」という役割も重要であることを、知っておいてほしいと考えています。

もちろん、医学部を目指している間はまだ、具体的にどのような医師として生きていくべきなのか、明確なイメージを持つことは難しいでしょう。しかし、医学部生としての6年間と研修医としての2年間の経験を通して、自らの将来の医師像がだんだん具体的になっていきます。その過程で、自分の理想の「医師像」を見出し、強い覚悟を持って実現していってほしいと思います。

また、中田医師のご活躍からは、医師免許取得後のキャリアとして、「臨床医」や「研究医」以外にも様々な選択肢があることを感じます。

かつては、医師免許を取得した後は、病院やクリニックで勤務医として働く、あるいは開業するというケースが多かったように思います。しかし現在は、中田医師のように専門知識を活かして起業したり、コンサルタントとして活躍するなど、多様な選択肢があります。

これから医学部に進学し、将来、医師免許を取得して医師となっていく子どもたちには、医師としてのキャリアにもたくさんの選択肢があります。そして、結果的にどのようなキャリアを歩むにせよ、医学部受験の過程で培った力が、必ず役に立ち、活かされるはずだと私たちは考えているのです。

医学部受験は、出発点であり通過点

ここまでお話ししたように、医学部受験、医学部での生活のみならず、その先に医師として仕事を続け、生きていくのにも、厳しさが伴います。医学部入試は第一の壁となりますが、合格をつかみ取るために「本気の覚悟」を持って努力を続けた期間は、その後の医学部生活や医師としての日々を乗り越えていくための基盤をつくる重要な時間であるともいえます。

合格するために勉強し続ける日々をつらく感じ、ときにモチベーションを保てないこともあるでしょう。勉強に真剣に取り組んでも、必ずしもすぐに成果が出るわけではありません。思うように進まないこともあります。しかし、この日々が医学部合格だけでなく、さらにその先の医学部生としての日々、医師としての人生を歩んでいくための基礎となる力を育んでいるのだと考えれば、つらく、挫けそうなときにも、前向きに受験勉強に向き合えるかもしれません。

とはいえ、自分ひとりでは、強い気持ちでこの厳しい道のりを乗り越えていくのはなかなか難しいものです。

私たちは、医学部合格のための勉強面だけではなく、生活面・精神面の指導もしながら伴走することで、子どもたちがその後の人生を自力で切り拓く力を育むサポートをしているのだと考えています。

学力を合格水準まで向上させるだけではなく、勉強を継続する力、その後の過酷な試験を乗り越える精神力、医師として働き続けるための強さを身につけてほしいと願い、サポートを続けています。

これまでがそうだったように、医学は年々進歩し、社会も変化していく中で、医師に求められる役割もどんどん変わります。

そんな中、これから医学部に進学して医師免許を取得していく子どもたちが、それぞれの考える「理想の医師」になるために、医学部受験という期間で心身共に大きく成長してほしい。それが私たちの願いなのです。

第2章では、起業家としても活躍する中田航太郎医師にもお話を伺いながら、医学部受験にはどのような「覚悟」が必要なのか、医学部受験がどんな力をもたらしてくれるのかを考察するとともに、医学部に合格するための考え方、医師という職業のやりがいや可能性などについて、具体的に考えていきましょう。

第2章

対談　医学部受験がもたらしてくれるもの

プロフィール

清家二郎（せいけ・じろう）

1965年、京都府生まれ。洛星中学校・洛星高等学校を卒業後、浪人し、東京大学理科I類に合格。東京大学大学院在籍時に信州大学医学部を受験し、合格。同大学卒業後、塾講師としての道を歩み、現在は医学部専門予備校 京都医塾で塾長を務める。

中田航太郎（なかだ・こうたろう）

1991年、千葉県生まれ。幼少期をアメリカ・ピッツバーグで過ごし、4歳から医師を目指す。東京医科歯科大学医学部卒業後、初期研修を経て救急総合診療科医。予防医学の普及と医療アクセシビリティ向上を目指し、2018年6月に株式会社ウェルネスを創業、パーソナルドクターサービスなどを展開。『医師が教える内臓疲労回復』（クロスメディア・パブリッシング、2021年）を監修。

なぜ、医学部進学に「本気の覚悟」が必要なのか

清家二郎（以下、清家）　私たち京都医塾は、医師という道に進むことを決意した受験生を全力でサポートしたいと考えています。

入塾希望者やその保護者さまには、「医学部受験をすると決めたなら、『本気の覚悟』が必要です」とお伝えしています。医学部受験は熾烈を極めており、生半可な覚悟では医学部合格まで受験勉強を継続することはできないからです。また、合格を勝ち取り、医学部に進学してからも、そして医師になってからも厳しい道を歩んでいくことになります。

中田先生は幼少時から「将来は医師になる」と決めておられたと聞いています。なんとしても医学部に合格するんだという「覚悟」はありましたか。

中田航太郎（以下、中田）　そうですね。「医学部を受験するなら、必ず合格

する」「合格するための勉強をやりきる」という気持ちで、受験勉強に取り組んでいました。ゴールを「医師になること」と設定した以上、「絶対に受験に合格するぞ」という気持ちは自然に持っていました。

清家　実は、私の場合は、一旦別の方面に進んで、29歳のときに大学院から医学部に挑戦しましたので、そのときは明確な「意思」がありました。中田先生の場合は、「覚悟を決めた」というはっきりとした自覚はなかったのかもしれませんが、合格のための努力をひたすら続けていらっしゃったのですね。

中田　そうかもしれません。小さなころから「医師になる」という将来を思い描いていたのですが、医学部に合格しなければ何も始まりませんよね。ですから、絶対に達成しようと考えていました。

清家　いや、なかなかないことです。中田先生にとっては意外かもしれませんが、「なんとなく医学部を志望している」という子はとても多いんですよ。

実は、私も幼いころはそのひとりでした。医師家系でしたから、その環境の中で幼少期には「自分も医師になるのかな」と漠然と考えていました。中田先生や私のように医師家系の子どもであれば、幼いころから「なんとなく自分も医師になるんだろうな」という思いがあり、それが受験時にまで続いている子も多いですね。

また、医師家系ではなくても、「医師はすばらしい仕事だ」という、これも漠然としたイメージだけで、高1、高2のときの志望調査票に「医学部」と書く子も少なくありません。そのなかには、医学部に合格できるだけの学力がついていなくても、「頑張れば、きっと医学部に合格できるだろう」と根拠なく思っている子も多く存在します。

中田先生のように「医学部を受験すると決めたのだから、目標を設定し、そこから逆算して計画を立て、それを実行することによって何が何でも合格するぞ」という明確で強い意志、そして実行する力がある子は珍しいのです。

医師になるためにどんな知識や能力、訓練が必要なのかもわからないまま、なんとなく、受験勉強をしてきてしまっています。そこで私たちは、入塾面談で「覚悟の必要性」を伝えるんです。

中田 具体的には、どのようなことを話すのでしょうか。

清家 まずは、医学部合格の難しさですね。つまり、医学部がいかに狭き門であるかを伝えます。9400人ほどの合格枠に対して、志願者数は13万人ほどですから、単純に計算すると、合格できるのは、約13～14人に1人ほどです。もう1年、さらにもう1年と勉強を続け、時間をかけたとしても、合格できるとは限りません。ですから、「医学部受験に挑戦した経験があるけれど、合格できなかった」という人のほうが圧倒的に多いのです。

私たちは入塾する前に、受験生に対してこのような話をしています。中田先生は医学部受験が急激に難化して以降の時期の世代ですから、医学部受験の厳しさは、よくご存じかと思います。

中田　医学部受験に高い学力が求められることはもちろん知っていましたが、それほどまでに狭き門だということを高校3年生のときに意識できていたかというと、そうではなかったように思います。実際、今の受験生は医学部受験の難しさをどの程度理解していますか？

清家　「医学部＝難しい」ということはもちろん理解しています。しかし、「高校の先輩で医学部に合格した人を知っているので、まあ行けるだろう」「親も医師だから」「浪人して医学部予備校で勉強したら合格できるだろう」といったような感覚の受験生がたくさんいるのも事実です。

今、医学部に合格するには、私立大学であっても偏差値65程度の学力が必要です。この偏差値は、京都大学の医学部以外の理系学部、例えば京大工学部と同じくらいのレベル。そう伝えると、みなさま大変驚かれます。

もちろん、京都大学の工学部を受験するには、共通テストの受験が必要で、2次試験でも国語が課せられるという差異もありますので、合格のために必要とされるものがまったく同じというわけではありません。しかし、こと、大手予備校の記述模試においては、英語・数学・理科2科目について必要とされる得点、偏差値については同じである、というのは事実なのです。

医学部合格のために必死で勉強を続けても必ずしも合格できない可能性がある。その事実を知った子どもたちに対して、私たちは「それでも挑戦しますか?」と問いかけます。「あなたが今から挑戦しようとしているその目標は非常に高く、達成までの道のりは厳しく、たとえ数年間かけて努力しても、結果として叶わないままにあきらめることになるかもしれませんよ」と。

中田 理由や本気度はどうあれ、「医師になりたい」という夢を持つ子どもに対し、頑張っても合格できない人が大多数であることを伝えるのは非常に厳しい役目ですね。

清家 さらに「たとえ医学部に合格できたとしても、その後にもまだまだ越えていくべき大きな壁が待っている」ということもお伝えしています。医学部生として学ぶ6年間は、非常にハードなものですよね。留年する学生も多いなか、一生懸命勉強を続け、CBT[*1]や卒業試験や医師国家試験を突破し、ようやく医師免許を獲得する。その後、初期臨床研修[*2]を経験して、ようやく一人前の医師となるわけです。

中田　実際、医師になった後も大変だと思います。本当に責任の重い仕事ですから。

清家　医師になった後は、ゆっくり落ち着いて眠れる日なんて来ないかもしれない。それが医師になるということであり、それでも医師になりたいのか。医師を目指し、医学部受験に挑戦するというのであれば、この事実も是非はじめに理解してほしいと考えています。

中田　入塾面談にしては、かなり重いお話ですね。

清家　おっしゃるとおりです。「医学部に行きたい」そのために「入塾した

＊1 Computer-Based Testingの略。試験はパソコンで実施され、無作為に抽出された問題が出題される。多くの大学で医学部4年次に行われる。臨床実習開始前までに修得しておくべき必要不可欠な医学的知識を総合的に理解しているかどうかを評価する試験

＊2 将来専門とする分野に限らず、医師としての基本的な診療能力を総合的に身につけることを目的とする。初期研修の2年間は様々な診療科をローテートして研修を行う

い」と考えてやってくる子どもたちに対して、ともすればストップをかけるようなことを言うわけですから。私たちは、入塾前に2日間かけて入塾希望者の現状を徹底的に分析する「医学部合格診断」を行います。まずは、医学部受験の現状をしっかりと理解していただいたうえで、詳細な分析結果をもとに医学部合格のために「何を、どこから、どんなふうに」取り組んでいかなければならないか」について、お伝えいたします。入塾直後の面談では、「このような勉強をこのように進めた場合、この期間で合格できる可能性は△%です」といったこともお伝えします。

「医学部受験の勉強」と「医学部の勉強」の違い

清家　医学部に合格した後は、医学部受験よりももっと大変な日々が待っている――このテーマについて、医師として活躍されている中田先生のお話を是非お聞かせいただけますでしょうか。

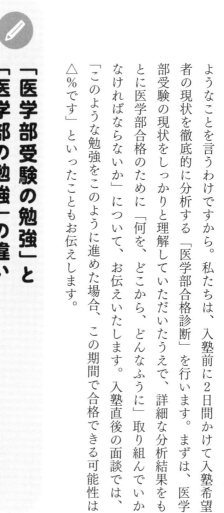

中田　医学部での勉強は、確かに大変でした。ですが、「ここで勉強したことが、将来、ダイレクトに患者さんの人生を変えるんだ」と考えると、モチベーションは維持しやすかったですね。

清家　医学部合格のための勉強と、医学部での勉強の違いですね。受験勉強で得た知識を医療の現場でそのまま使うことは、一部を除きほとんどないですからね。

中田　受験勉強によって、「自分の理想と現実のギャップを理解し、そのギャップを埋めていくために計画を立てて、行動する」といった力は得られます。しかし、数学や社会の知識が医師としての仕事に直結するわけではありません。

その意味でいえば、優秀な成績で医学部に合格した人でも、医学部生活においての勉強のモチベーションを維持できないことがあるんです。

清家　中田先生の周りにもそういう方がいらっしゃいましたか？

中田　例えば、「医師になりたい」ではなく、「勉強ができるから、偏差値の高い医学部を目指そう」という理由で医学部に入ると、医学部の大変な勉強を続け、やりきるまでのモチベーションが維持できないということがあるようです。実際、せっかく医学部に入ったのに中退してしまった同級生もいました。受験では「ほかの受験生より良い成績を収める」という目標を達成するために頑張ることができたけれど、医学部に入った途端にその目標がなくなってしまい、燃え尽きるケースです。

一方、「医師になりたい」という目標を明確に持っている人は、医学部に入学した後の勉強も頑張れると思います。「医師になったら、こんなふうに患者さんを救いたい」「社会にこんな影響を与えられる医師になりたい」などと本気で考えられる人は、そのゴールから逆算して、そのときになすべきことを考えて、医学部での勉強も頑張れるわけです。

ですから医学部受験においても、「こんな医師になりたい。そのためにはまず、医学部に合格しなければならない」「医学部に合格するために、こんなふうに勉強を進めよう」と、ゴールから逆算して行動できる人は、受験勉強にも自然と身が入るものです。モチベーションも維持できると思います。

医学部を中退する人に見られる共通点

清家 先ほど、「医学部に入った後にやめてしまう人もいる」という話が出ましたが、なぜだとお考えですか。

中田 「医師を目指していたけど、違う道を見つけた」という理由の人もいれば、メンタルを病んでやむなく中退してしまった人もいます。受験で燃え尽きてしまったのか、「何のために勉強を続けているのかわからなくなった」と。

清家　医学部受験は「職業選択の受験」ともいえます。他の多くの学部では、大学に入学してから4年の間に世の中のいろんなものを見て、自分のやりたいことを探すチャンスがあります。一方で医学部は、入学前に、早い場合は10代で医師という職業を選択した子たちが集まるわけです。

　その年齢で人の生き死にに関わることを職業にすると選択するのは、これも大きな覚悟を要することだと思います。中田先生の場合はいかがでしたか？

中田　私の場合は父が医師でしたから、医師になる前から、医師という職業に対する解像度が高かったというのは、恵まれていたポイントだと思います。

清家　具体的には、どういうことでしょうか。

中田　父の姿をそばで見ていた分、「医師も意外と普通の人間なんだ」という感覚でした。そのため、「医師＝すごい仕事」だという意識はそこまで強くなかったですね。

それよりも、私自身が幼少期にお世話になった医師に憧れていたので、「この先生みたいに、患者さんに安心感を抱かせられるような医師になりたい」という気持ちがあり、それが医師になるという夢に直結したと思います。

清家　中田先生のお話を伺っていると、「どんな医師になりたいのか」「医師になって、どのようなことを成し遂げたいのか」ということをあらかじめイメージしておくことが、医学部合格、そして「合格後の燃え尽きを防止し、しっかりと医師になっていくことができるかどうか」のカギを握っているといえそうですね。

中田　とはいえ、受験生の段階で、医師という職業の解像度を上げるのは難しいものです。だから、シンプルな気持ちで十分だと思います。私の場合は「人を助けたい」、そして「お世話になったあの先生のように、患者さんに安心感を与えてあげたい」という2つでした。あまり具体性がないビジョンかもしれませんが、このくらいでも、あるとないのとでは全然違ってくるのではないでしょうか。

「基礎が大事」なのは受験に限ったことではない

清家　医学部受験における勉強のポイントについて、もう少しアドバイスをお聞かせいただけますでしょうか。

中田　最も大切だと思うのは、基礎です。いきなり過去問を解くのではなく、まずは基礎を押さえること。「なぜそうなるのか」を理解できれば、応用が利きますよね。

清家　基礎を理解できているかどうか、中田先生はその判断基準は何だとお考えですか？

中田　簡単にいえば、学んだことを人に説明できるかどうかです。しっかり理解できていなければ、誰かに説明するときに必ずつまずきます。

清家　まったくの同感です！　それは常日頃、京都医塾で伝えていることとまったく同じです。

中田　医師になってから気づいたことですが、基礎を大切にして学ぶ姿勢は、医療の現場でも役立ちます。

医療の現場における基礎とは、人体の生理*がどうなっているか、どのホルモンがどんな作用をするのか、臓器と臓器がどういう関係なのか……といったものです。こうした基礎をきちんと理解していれば、「ここにエラーが発生したから、この病気が引き起こされたのだ」という答えが、自然と導かれるんです。

これを受験勉強で例えると、「過去問や難問ばかり解いている受験生」は「珍しい病気の名前とその症状ばかりを丸暗記している医師」のようなもの。

＊基本的な機能と仕組み

もちろん、覚えていないよりは覚えているほうがいいに決まっていますが、丸暗記では意味がありません。「こういうホルモン異常が起こって、こういう病気が引き起こされ、こういう症状が現れる。この症状を見つけた医師の名前を取って○○病と呼ばれている」という流れを理解する必要があります。「こういう症状は○○病だ」と事実を丸暗記するだけでは、どれだけ覚えても際限がありません。

清家　すべて丸暗記の勉強法では、効率は悪く、いくら時間があっても足りませんよね。

中田　そうですね。基本を押さえて、それに肉づけしていく。これは受験勉強でも有効です。

多くの受験生は、枝葉から勉強する傾向があります。しかし、幹である基本の部分をしっかり理解していない限り、解ける範囲は広がりません。

枝葉が100本あったとしてこれを1本ずつ潰していくだけのやり方では、

清家先生がおっしゃるように、時間がいくらあっても足りません。一方、幹を押さえれば、枝葉の部分は自然と解けるようになる。これが勉強の基本的な考え方です。

清家　実は、私も面談で幹と枝葉の例えを使っています。基礎・基本は本当に大切です。実際、京都医塾では、必要に応じて小学校・中学校の学習内容に戻って学習し直すこともあります。医学部に入ってからの基本といえば、解剖学[*1]や生理学[*2]でしょうか。

中田　そうですね。解剖学や生理学など基礎医学[*3]から学んでいくことになります。実は正直に言うと、今の医学部のカリキュラムには問題もあると思っているんです。

清家　それは興味深いですね。いったいどういった点に問題があるとお考えでしょうか。

＊1　人体の正常な構造と機能を学ぶ分野

＊2　人体の基本的な機能と仕組みを学ぶ分野

＊3　医学部1・2年次で学ぶ、臨床医学の基礎をなす分野。解剖学、生理学、生化学、細菌・ウイルス学、医動物学、免疫学、病理学、薬理学、法医学、遺伝医学・予防医学、衛生学公衆衛生学など

中田　清家先生もご存じのとおり、医学部に入るとまず、基礎医学を勉強します。臨床現場[*1]を体験していない状態で、基礎医学を勉強することになるんですが、これでは、本当に丸暗記になってしまうんです。私は意味がわからずに丸暗記をすることに、まったくモチベーションが上がらず、大学2年生のときには、ギリギリ進級できるくらいの勉強しかしていませんでした。

ただ、3年生になって臨床を経験すると、基礎医学の大切さがわかってきました。そこで基礎医学を学び直しました。その結果、理解が深まったんです。

やはりどんな分野でも、基礎を理解していないと、応用ができません。このことに最初に気づけるようなカリキュラムなら、基礎医学に対するモチベーションが高まり、定着度も上がるだろうと思うんです。

清家　中田先生は、1年生、2年生のときに、「アーリーエクスポージャー」[*2]は経験されましたか。

＊1　実際に患者に接し、診察や治療を行う現場

＊2　医学部入学後の早期に医療現場を体験する実習。医学・医療を学ぶ心構えを身につけるとともに、学習への意欲を高め、医師としてのあるべき姿を考えさせることを目的として行われる

中田　病院を軽く見学するプログラムは経験しましたが、本当に少しだったので、あまりイメージは湧きませんでした。私はその後、USMLE[*3]というアメリカの試験の過去問を解く機会があったのですが、とてもおもしろかったですね。基礎医学に関する知識を問う問題なのですが、問題文が実際の臨床エピソードから始まるんです。基礎医学の知識があれば解ける問題ですが、臨床の現場でその知識がどのように役立つかをイメージさせられるような問題になっています。ゴールをイメージさせたうえでそこから逆算して知識をつけていくのがアメリカ式なのだと感じました。

一方、日本の大学の授業は足し算式です。解剖学をやり、生理学をやり、その後で初めて臨床を学ぶというカリキュラムですね。最初のうちは臨床における基礎医学の大切さがよくわからないまま、知識だけを詰め込むことになってしまうわけです。

清家　大学にもよりますが、確かに医学部1年生、2年生のときには、臨床に触れるチャンスが少なく、基礎や一般教養の授業が多いですね。「せっか

*3　United States Medical Licensing Examinationの略。米国で医師免許を取得するのに必要な試験

く医学部に入ったのに……」とモチベーションが下がってしまう学生の話も耳にします。私は1年生の夏にタイのチュラロンコン大学[*1]の医学部との短期交換留学プログラムに参加させていただいたのですが、大いに刺激を受けました。ちなみに、私と親友はその留学中にそれぞれ靭帯《じんたい》損傷と急性虫垂炎でその大学で手術を受けることになりました。まさに我が身をもって実習を受けることになったのですが、その技術レベルの高さとホスピタリティに驚かされたものでした。

基礎医学の重要性を意識させるためにも、医学部入学直後に、臨床における基礎の意義を理解させるような工夫があったほうがよさそうですね。

中田　そのとおりだと思います。私はハワイ大学[*2]に留学した際、医学部1年生の講義に参加させていただきました。そこでは、入学したての1年生たちの授業にもかかわらず、「救急車でこんな患者が搬送されてきました」と、実際にマネキンが運ばれてきて、先生についてもらって、どう対応するかを考えるんです。

*1　1917年に設立されたタイ王国において最も古い歴史をもつ国立大学

*2　1907年に設立されたアメリカ合衆国ハワイ州の州立大学

学んでいる基礎医学の知識が実際に臨床現場でどのように活きるか理解できたのは非常に有意義だったので、日本の医学教育でも早い段階で臨床をイメージできるカリキュラムがあると良いと感じました。

清家　その考え方は、受験勉強にも通じるところがありますね。

中田　はい。受験勉強においても基礎は大事。でも、基礎の重要性を理解するのは簡単ではありません。ならば、志望大学の入試問題を見せて、「これを解くには基礎が必要だ」と理解させるのも、ひとつの手かと思います。先にゴール地点を見せて、「この問題は難しそうに見えるけれど、分解すると、基礎Aと基礎Bの組み合わせである」ということを伝えれば、基礎の重要性が腹落ちするはずです。

清家　かつて京都医塾に、中田先生の母校でもある東京医科歯科大学を強く志望している生徒がいました。入塾時の彼の偏差値は30台。当たり前ですが、彼は東京医科歯科大学の過去問を解けるレベルにはまったく達していません。私たちがいくら「基礎をやりなさい」「まだ過去問を解く段階じゃない」と伝えても聞かず、過去問ばかり解いていました。しかし、もちろん解けません。さらには、解答を見ても理解できず、丸写しするばかりでした。

彼が解けなかったその問題は、「基礎Aと基礎Bを組み合わせて作られた問題」でした。そこで、まずはAとBのそれぞれを徹底的に復習し、次に、問題を分解してAとBの組み合わせであることを理解させました。そして一緒に解くことで答えに辿り着くことができたのです。そのとき以来、彼の意識がガラッと変わりましたね。

中田先生のお話を聞いて、彼のことを思い出しました。ゴールを示して、一緒に問題を解いて体感させ、基礎の重要性に気づかせるという指導法には、とても意義と効果があると思います。

中田　「基礎が大事」と腹落ちしているかどうかが、基礎の習得のために努力できるかどうかに直結します。「基礎が大事と言われたから基礎をやっているけど、本当にこれで合格できるのか？」と疑いながら勉強するのと、「医学部入試レベルの難問を解けるようになるには、このあたりの基礎を理解していなければならない」と納得しているのとでは、取り組み方が大きく変わります。

清家　医学部に入ってからの勉強は、国家試験に合格し医師になるために必要で、さらに医師になってからも必要な知識にダイレクトに結びつく。一方で受験勉強では、その内容が、医療に直結するものではないため、「この勉強が何の役に立つのだろう」と考えてしまい、モチベーションを維持しづらい。でも「今やっていることが、実は医師になってからも役立つ」と腹落ちしていれば、モチベーションを維持しやすそうですよね。

中田　きちんとした勉強法が身についていれば、医学部に入ってからも、医師になってからも、必ず役立ちます。京都医塾は、受験生が医師になった後の人生まで考えて指導されているのですよね。

清家　はい。中田先生のお話を伺って、私たちが日頃受験生に伝えていることは正しかったとあらためて確信しました。

医学部に入ると、厳しいカリキュラムを乗り越えていく必要があります。授業や実習にすべて出席するのは当たり前で、厳しい進級試験にもパスしなければなりません。京都医塾の生徒さんのなかには、入塾時には偏差値30台、40台スタートの生徒も多くいますから、医学部入試では補欠で合格していくことも結構あります。いわば、入学時の成績としてはほぼ最下位でギリギリ合格を勝ち取る。そんな子たちが医学部に入学して1年後には学年のトップ層へと登りつめているんです。

彼らは、「毎日計画的にスケジューリングして、それを必ず実行していく訓練ができたので、それが医学部生活でも活かせている」「朝6時に起きて夜24時までに寝る規則正しい毎日を京都医塾で続けて習慣化できていたので、医学部に入ってからも生活リズムを崩さずに頑張れている」「幹の部分をしっかり理解して枝葉へと広げていく勉強法が、医学の勉強でも通用している」と語ってくれます。春休みや夏休みなどには、京都医塾に帰ってきて

「本当に楽しいです！」「順調に進級することができています！」と、成績の報告、そして医学部での生活の話をしてくれますが、その生き生きとした姿、医師になるために一歩ずつ成長している姿を見るのは、とてもうれしいですね。

中田　正しい勉強法や生活リズムを身につけていることは、医学部で学ぶうえでも本当に大切です。丸暗記の勉強で医学部に合格した人のなかには、大学生でも家庭教師をつける必要がある人もいると聞きます。受験生のうちに一生ものの勉強法や生活リズムを獲得できるのは、とてもすばらしいことだと思います。

本気の受験勉強期間が、長い人生の土台になる

清家　受験勉強のモチベーションの保ち方について、中田先生のお考えをも

う少し伺えますでしょうか。

中田　人生を長くても100年として、受験生はその貴重な時間の一部を受験勉強に割くわけです。しかし、この例えば1〜2年という期間を勉強に集中することで、その先50年、60年と続く医師としての人生につながるのだと考えると、とても価値のある時間だと思います。そう考えると、モチベーションが湧きやすいのではないでしょうか。

こうしたことを考えずに「なんとなく」時間を使うのは、とてももったいないことです。なんとなく時間を使うくらいなら受験なんてしないほうがいい。「この1〜2年間という時間を投資することで、その後の何十年間にインパクトが出せる」「だからこの1〜2年間という時間を投資する価値がある」と納得したうえで取り組むようにするのがいいと思います。納得して勉強しなければ、「どうしてこんなに勉強しなくちゃいけないんだろう」と、途中でやる気をなくしてしまうでしょう。

受験勉強をする期間は、長い人生から見ればたった1〜2年間とごくわずかです。そこに投資することで将来に大きなメリットをもたらすことができます。本気で医学部を目指すなら、その1～2年間はとにかく頑張ったほうがいい。医師という仕事は社会的インパクトが大きく、他者の命を左右する仕事です。たった1～2年間も本気で、全力で頑張れないような人に、患者さんは自分の身体をまかせられないと思います。受験生にはそう考えたうえで、本気で受験勉強に向き合ってほしいですね。

清家　そのとおりだと思います。京都医塾で学ぶ生徒は、「本気の覚悟」を持っています。それでも人間ですから、365日、常に100％のモチベーションで頑張り続けるのは難しいものです。「今日はちょっとしんどい」「良い成績が出ず、落ち込んだ」「休みたい」という気持ちになり、集中力が途切れてしまうこともあります。本当の体調不良のときは仕方ありません。しっかり治療・静養して、またしっかり戦えるように体調を整えることが最優先です。しかし、そうではなくて、それが自分の「弱さ」「なまけ心」から来るものである場合は、それを克服して努力を続ける必要があります。

「あなたは医師になるんでしょう？　眠いからオペに遅れていくの？　患者さんを待たせておくの？」と問いかけます。

医師は、人の命に関わり、他者に大きな影響を与える仕事だということを、再認識してもらい、気を引き締めてもらうようにしています。受験勉強の期間も、いわば医師になるための修業期間であって、その時間をどう生きるかもまた問われているのだと思います。

中田　とはいえ、完璧主義すぎるとメンタルが心配ですから、ときには適切な休息を取ってもらいたいものですよね。「なんとなく休む」はNGですが、ゴールから逆算して「この日は戦略的に休む」と決めるのもひとつの方法です。

清家　自分の未来像を具体的に描き、「この1年全力で努力することにこれだけの価値があるから、全力で頑張ろう」というマインドセットをする。そのうえで、ときには戦略的に休息を取るということですね。

中田　そのとおりです。モチベーションを維持するためには、「医師になることは、自分の人生にとって、多大なる価値がある」ということを腹落ちして、マインドセットをするのが絶対条件です。

10~20年前だと「医学部を受験する＝将来、臨床医になる」という道が多かったと思います。しかし今では、ほかの道を選ぶ人も増えました。「医師免許を使って社会にどのように貢献するか」の選択肢がかなり増えたように思います。

少し極端にいえば、かつては医師免許を取得したら「病院で働くこと」がスタンダードでした。今はこれに限らず、医師として「人命を助ける」「人の健康を守る」方法が非常にたくさんあります。ですから受験期には、まだ「なりたい医師像」はあいまいでもいい。ただ、「医師になれば、人の役に立つうえでのいろいろな可能性が広がる」ということを知り、「医師免許を取れば、将来の選択肢がさらに広がる」というマインドになれれば、勉強のモチベーションが上がるように思います。

清家　医師になりたい子は、基本的に「人の役に立ちたい」という強い気持ちを持っていますよね。

中田　次の段階として、漠然とでもビジョンのようなものがあるかどうかが大事なのかもしれません。ビジョンは具体的であればあるほどいいでしょう。しかし、実際には医師になってみないとわからないことがたくさんあるので、具体的なビジョンを描くのは難しいものです。それでも自分なりの、医師になって実現したいビジョンを持つことはとても大事です。

清家　「なんとなく医師を目指しているだけ」では、厳しい受験勉強に対してのモチベーションを保ち続けることが難しいですからね。

中田　勉強がつらくなると、きっと「どうしてこんなにつらいことを続けなければならないのか」と考えるタイミングが必ず訪れます。そういうときに、自分なりの答えがあると、また勉強に向き合うことができるでしょう。

医師の仕事は、患者に選択肢を与え、寄り添うこと

清家　医師は大変な職業ですが、一方で非常にやりがいのある仕事です。中田先生にとって、医師という職業のやりがいはどんなところにあるのでしょうか。

中田　治療でも予防でもそうですが、やはり、患者さんの人生を変えられることでしょうか。自分の行動ひとつで患者さんの命を救うことができるし、感謝していただける。これが一番やりがいを感じる瞬間です。

また、自分が介入したことによって、明確に相手の人生が好転したときはとてもうれしいです。私は昔から「相手の人生を良くすること＝ＱＯＬ*を上げること」を大事にしています。私が関わることによって、相手が安心して生活できるようになったり、元気に活動できるようになったりすれば、やは

＊ Quality Of Life の略。「人生の質」「生活の質」などと訳されることが多く、私たちが生きるうえでの満足度を表す指標のひとつとして用いられる

りうれしいですね。

清家　詳しく聞かせていただけますか？

中田　人間は生き物ですから、いつか死んでしまいます。だから、生きている間の時間をどれだけ豊かに過ごせるかが大切だと考えています。人生をより豊かにするために、私たちの助けによって健康的に生きられたり、その人にとって納得のいく意思決定をして、後悔なく人生を終えることができたり、悩みが解消されて元気に生きられたり……。そうした助けができればと思います。

お金や人間関係など、健康以外にも人の幸せを左右する要素はたくさんあります。けれど、どんなにお金持ちでも、どんなに良好な人間関係を築いていても、健康でなければ意味がありません。そこにアプローチできるのは医師だからこそですし、それこそが私の医師としてのやりがいに直結しています。

＊1　胸膜に穴が開いて胸腔内に空気が漏れ、胸痛、呼吸困難や咳などが生じる病気

清家 今のお話を伺って、私の個人的な経験を思い出しました。実は19歳のとき、気胸*1で入試を受けられなくなったことがあるんです。今でもはっきり覚えているのですが、浪人1年目の12月、冬期講習に行こうとして、道で倒れてしまいました。まるで銛《もり》で心臓を刺されたような痛みで動けなくなり、4カ月ほど入院して、結局その年の入試は受けられませんでした。

脱気*2のためのトロッカー*3を入れて2カ月余り保存的治療*4を続け、ようやく一旦穴が閉じました。そのとき主治医の先生に「このままにしておいて退院することも、手術することもできますがどうしますか？」と尋ねられたんです。「手術をしない場合には再発の可能性があり、常にそれに留意しながらの生活になる。手術を受ければ、しばらくはしんどいかもしれない。ただし、最終的には今までどおりの生活に戻れる。運動もできるし、健康な人と同じ生活を送れる」と。この言葉を聞いて「では、手術をお願いします」と、迷いなく判断できたんですよね。

中田 それは大変な経験でしたね。

*2 気胸の治療法のひとつで、針を胸腔に刺し、溜まった空気を注射器で出す方法

*3 胸腔に穿刺・留置し、ドレナージなどを行うためのカテーテル(管)

*4 保存療法、保存的療法などともいう。患部の切除手術などの外科的な治療は行わず、薬物療法や食事療法などによって患者自身の治癒力を維持し、計画的に行われる治療法。運動療法、放射線療法、心理療法などもある

清家　結構な大手術でしたし、麻酔が解けた後は、「たとえもう一度同じことが起こっても、手術は受けない」と思ってしまうくらい痛くて苦しかったです。リハビリにも長い時間がかかりました。それでもあのとき手術を受けたから、今、健康に過ごせています。あの先生は医師として、私に人生の選択肢を提示し、私にとっての正しい意思決定の手助けをしてくださり、まさに私の人生に大きな影響を与えてくれたわけですね。

中田　患者さんの人生に選択肢を与えられるというのは、医師という仕事の特性です。専門知識を持っている医師に意見を求めれば、選択肢がいくつも増えることがあります。

清家　そう考えると、医師は「患者さんにとっての選択肢を、本人の判断の助けになる形で適切に提示できる能力」が必要ですね。

中田　同感です。患者さんの意思決定の質を上げることと、意思決定をサポートしたうえでより良い結果を導くのが医師の仕事だと思います。そのためには、医師自身が学び続け、様々な選択肢を持っていなければなりません。そして、患者さんが「どれを選べばいいんだろう」と迷ったときに、寄り添ってあげられる力も必要です。

社会が変わる、医師が変わる

清家　今後は、医療業界でもますますＡＩがどんどん取り入れられていくことになると思います。そんな時代の中で医師に求められる資質はどのように変わっていくとお考えですか？

中田　選択肢をたくさん用意することはＡＩにもできるでしょう。しかし、「その選択肢のうちどれがベストなのか」というジャッジに寄り添うのは、人でなければならないはずです。

清家　中田先生自身も、そういったところを大切にされているということですね。

中田　はい。同じ選択肢を提示されたとしても、選ぶ答えは人によって異なるものです。年齢も病状も価値観も違います。そんな中で、一人ひとりにぴったりのソリューション*1を、ともに考えていきたいと思っています。

清家　意思決定のための選択肢を患者さんに適切に伝えるのは、かなり難しそうですね。知識と情報がない患者さんにとっては理解するのは容易ではないでしょうし、ときには受け入れがたい内容も伝えなければなりませんし。

中田　医師自身がきちんと理解していない限り、説明はできません。自分の中で、それぞれの選択肢のメリットとデメリットをすべて理解していなければ、納得感のある説明はできません。これは医師にとって不可欠なコミュニケーション能力だと思います。

*1（最適な）解答。解決方法

清家　中田先生のパーソナルドクター事業[*2]においても、やはりコミュニケーション能力は重要でしょうか。

中田　はい、非常に重要です。コミュニケーション能力というと「伝える力」が連想されがちですが、実際には「ヒアリング力」のほうがより重要だと思います。ヒアリングによって、相手をきちんと知ること。患者さんに親身に寄り添って、相手の考えていることを聞き出して、その人にとっての最適解を提案するのが、パーソナルドクターの価値だと考えています。

専門家の意見を聞くことが望ましいケースでは、十分にヒアリングしたうえで課題解決に必要な知識を持つ信頼できる専門家を紹介します。紹介した後、クライアント[*3]に「ご紹介した医師はいかがでしたか？」とヒアリングすることがあるのですが、満足度の高い医師の共通点は、ずばり「しっかり話を聞いてくれること」なんです。

清家　それは興味深いです。その先生がどれだけ高名で権威があるかよりも、

*2　株式会社ウェルネスの事業。専任のドクターとともに、データに基づいてパーソナライズされた健康管理を実践できる、最先端の予防ケアサービス。戦略的に病気を予防し、パフォーマンスを高め、医療の不安や手間を解消することができる

*3　予防ケアサービスを受けた方

ヒアリングの質と精度なのですね。

中田　そうなんです。「有名大学出身だから」「業界の有名人だから」ということとクライアントからの評価に相関関係はありません。「自分の話をじっくり聞いて、適切な選択肢を提示してくれて、どの治療がいいか一緒に考えてくれる医師」が最も信頼され、満足度も高くなります。

実際、私たちは様々なクライアントに医師を紹介していますが、どんな方に紹介しても満足度の高い医師は、トップの成績で医学部に入学したわけでも、偏差値の高い大学を卒業しているわけでもありません。難関大学の医学部を卒業していることよりも、人の話をじっくり聞ける先生であることのほうが、患者さんを満足させられるという意味では重要なのです。

この意味でも、やはり医学部受験は通過点にすぎません。受験に合格するという目標は絶対に達成しなければなりませんが、卒業した大学の偏差値と患者さんの信頼度・満足度は、まったく関係がないと思っています。

清家　私たちは保護者さまから「国公立大学に行かせたい」「難関大学に合格してほしい」あるいは「自分の出身大学よりも偏差値ランクの低い大学には行ってほしくない」という思いがあることを伺うことがあります。また、国公立大学もしくは偏差値がより高い私立大学の医学部でなければ、医師になってから苦労する、大きな不利益を被ると心配される方も少なくありません。

私たちは「２００４年の臨床研修制度の変更*によって、以前と比較して出身大学が医師のキャリア形成に及ぼす影響は小さくなっています」「早く医師になることや、良い医師になることが重要とお考えなのであれば、出身大学にこだわる必要はありません」というお話をしています。

中田　私も、医師として働くことを考えたときに、大学はどこでもいいと思います。実際、学費などによって選択肢は限られますが、医師になるというゴールを目指すのであれば、大学にこだわる必要はないと考えています。

＊臨床研修制度とは、医学部を卒業した医師たちが、独り立ちする前に病院で実地研修をする仕組み。世界各国で広く実施され、日本でも2004年度から必修の臨床研修制度が発足し、医学部卒業生に2年間の研修が義務付けられた。この制度の導入に合わせて、どの病院で研修を行うかの組み合わせを明確なルールに従って決める「医師臨床研修マッチング」という制度が新たに採用され、2003年秋に初めて実施された

医学部受験・医学部進学が教えてくれたこと

清家　中田先生が医学部受験を経験して良かったことや、医学部受験を通して得られたことについて、お聞かせいただけますか。

中田　ひとつは、成功体験です。大学の合格発表の光景はよく覚えています。「自分の力で医学部合格を勝ち取った」というのは、自分にとっては明確な成功体験になりました。努力によって難しい目標を達成することは、やはり大きな自信になります。

もうひとつは、能力の高い学友たちと6年間を過ごせたということです。まるで少年マンガに出てくる登場人物のように、個性豊かな友人たちばかりでした。天才もいれば、秀才もいれば、文武両道のタイプもいて……。そういう人たちと大学生活を過ごせたことは、大きな財産だったと感じています。

清家　まったく同感です。私は29歳で医学部に入学したので、現役で合格した同級生たち、それも早生まれの子とは同じ干支だったんです。そこで「巳年会」という会をつくって鍋パーティーをしたり、サークルをつくったりして親交を深めました。

一つの学年の中に本当に様々な年齢の同級生が揃っていました。学年が上であれば、年下でも「先輩」になります。私は29歳でしたが、一学年上の19歳や20歳の子たちを部活でも当たり前に「先輩」と呼んでいました。

同期入学の年上の人たちも、個性豊かでした。私より年上だったのは入学時に40歳、35歳、33歳の3人で、裁判官書記官から転身した人や、銀行のディーラーだった人がいました。様々な職歴を持って再受験した人たちが集まっていて、その人たちのこれまでの経験や、医師になって働くビジョンなどの話も聞くことができて、非常に刺激を受けました。

中田　非常に特殊で、刺激に満ちた環境ですよね。

清家　そして医学部での6年間で感じたのは、「人って、6年間でこんなに成長するんだ」ということです。

同期のなかには「本当に医師になるのか？」と思ってしまうくらいちゃらんぽらんな子もいましたし、成績は良いのだけれど、「社会に出てからうまく人と付き合っていけるのかな？」と思うような子もいました。そんな子たちでも、6年間の医学部生活を通して、大きく成長するんです。

その最初のきっかけになるのは、やはり解剖実習でしょう。ご遺体に向き合い、黙禱してお身体にメスを入れさせていただく中で、自然と、いや、否応なしに、真摯な気持ちで命について、人生について、様々なことについて考えることになります。ふざけていた同級生たちがだんだんまじめになり、顔つきも変わっていくんです。

医学を学び、実際に患者さんたちと接するなかで、6年間かけて、知識や手技だけでなく、人間として、医師になる準備をする。自分も含めて仲間たちと一緒に変わっていく、そんな時間でした。

中田　他の医療系の学部でも同じかもしれませんが、生き死にと関わるからこそ、そんなふうに変わるのでしょう。20代前半で、あれだけ人の生死を間近で見ることなんて、なかなかないと思います。

清家　実習はやはり印象深いですね。精神科にいたとき、たった2週間でしたが、私がものすごく入り込んでしまった患者さんがいました。「そんなこと、教授でも聞き出せないよ」と、先生方に褒めてもらったことがうれしくて、そこから毎日時間がある限り、その患者さんに会いに行き、話を聞き、それをカルテにあげて報告することに没頭していました。しかし、ある日、指導教官に「これ以上は入り込んではいけない」と止められました。私がその患者さんのすべての話を受け入れ、聞くがゆえに、その患者さんの私に対しての依存をつくり出していたのです。

小児科でも印象的な経験がありました。全力で実習に取り組んでいたのですが、ある患者さんが回復することなく、亡くなりました。私は大きな喪失感と無力感を感じました。私は、いつの間にか全力で向き合いさえすれば、必ず良くなると思い込んでいたのかもしれません。知らず知らずのうちに医学に万能の力を期待していたのでしょう。残酷なことにそうではありませんでした。

そうした現実と向き合って、医師はすばらしい職業だけれど、それでも医学は決して万能ではなく、医師がひとりでできることも限られているのだ、と理解したのです。

医学部で過ごす6年間は、中田先生の言葉を借りるなら、医師という職業の解像度を上げていく期間でもあると感じました。医療の現場の現状を知って、人の生き死にに触れて、医師ができることの限界を知り、医師になることをやめる人もいます。現実を受け入れたうえで、それでも「医師になり、医師として生きていく」という強い気持ちを持っていることが、医師という職業を全うするには必要だと思います。

中田 そうですね。10代後半でそこまでの覚悟を持つのは難しいかもしれませんが、本当にやりがいのある仕事だと腹落ちすることは、非常に大事なことだと思います。

親は、ただ子どもの味方でいればいい

清家　中田先生は、医学部受験において、保護者はどのように受験生である子どもをサポートするのが良いとお考えでしょうか。

中田　メンタルと健康を支えることが、保護者の役割だと考えます。「自分も医学部受験を経験しているから、勉強のアドバイスもできる」と考える方もいるかもしれませんが、医学部受験の現状は年々変わっています。だからそこに介入すると、かえって親子の信頼関係を損ねるように思います。それよりも、受験生の心身の健康を維持するサポートに集中するのがいいのではないでしょうか。

清家　メンタル面のサポートとしては、どのようなことをするのが良いでしょうか。

中田　例えば、「大学はどこでもいいんじゃない？」「医師になれたらそれだけでも素敵だよね」など、受験生のプレッシャーを軽くしてあげられるような声かけに価値があると思います。

私自身、最後の模試で、第一志望の東京医科歯科大学がB判定でした。それに対して、志望度の低い大学はA判定。その判定を見て、つい「A判定のほうの大学を受けようかな」と揺れたこともあるんです。それを母親に言ったら、「別にいいんじゃない？　医学部に入れるなら、どこでもいいんじゃないの」と言われました。その一言で気持ちが軽くなり、初志貫徹で東京医科歯科大学にチャレンジすることにして、見事合格することができました。

当事者である子どもの不安は、親にはわかり得ないですからね。シンプルに寄り添ってもらえるのが一番だと思います。

清家　すばらしい親御さんですね。私も、親は子どもに「親の不安」を見せないようにしていただきたいと思っています。

中田先生のお母さまのスタンスは、まさに理想的です。しかし実際には、受験生であるお子さまが淡々と正しい勉強を続けられているのに、親御さんのほうが「子どもの成績が上がらない、どうしよう」と不安になったりパニックになったりされることがしばしばあります。そして、それをお子さまにぶつけてしまうと、お子さまが不安定になってしまうのです。

中田　そういう保護者さまには、どのように対応するんですか？

清家　保護者さまの不安が伝わって、生徒に良くない影響を与えている場合には、一旦、保護者さまに「こちらにまかせてください」とお伝えして、勉強はもちろん、メンタル面も生活も、私たちからアドバイスするようにします。一方、保護者さまには、お子さまに「毎日よく頑張っているね」とだけ伝えていただくようお願いいたします。すると親子の距離感がうまく保たれて、保護者さまも子どももストレスが軽減するんです。

保護者さまが不安な状態で干渉しすぎると、子どもにとっては親が敵に見えてくることがあるのです。つまり、サポートどころか、親が邪魔をしてしまっている状態です。このような場合は、少し距離を取っていただき、保護者さまには子どもを褒める役に回ってもらっています。

中田　それをうまく保護者さまに伝えるのは、難しそうですね。

清家　そうですね。「いつも○○さんのサポートをありがとうございます」という言葉から始め、お子さまの状況を丁寧に分析してお伝えします。親御さんはお子さまにとって最も重要な存在であるがゆえに、及ぼす影響が大きいことを理解していただいたうえで、どう行動すればお子さまが最も前向きに勉強に集中できるかをお伝えしています。その中で、あるとき保護者さまの声が少し明るくなる瞬間があります。その声を聴いて、「伝わった」とほっとします。

中田 塾や予備校と保護者とで、役割を分担したほうがいいですよね。親は、子どもの味方でいてあげれば、それでいい。

清家 まさにそのとおりです。私たちの場合は、「お子さまをとにかく褒めてあげてください。京都医塾に毎日通い続けていることだけでも、十分すごいことです」とお伝えしています。

例えば、京都医塾の場合、生徒が登校すると、保護者さまのスマートフォンに、「お子さまが登校しました」と顔写真と一緒に通知が届くようになっているのですが、「それがきちんと7時台に届いたらよしとしてあげてください」と。

中田 医学部受験生の周りには、予備校の先生と同級生、それと家族くらいしかいません。保護者が敵になってしまうと、よりどころがなくなって、メンタルを維持できなくなりそうです。

清家　おっしゃるとおりです。ですから私は保護者さまに、「心配してお子さまに電話をするときは、『大丈夫？』と聞かないでくださいね」と伝えています。子どもは、「大丈夫？」のたった一言で、保護者さまの不安が伝染し、不安でいっぱいになります。

子どもは、幼いころから親からの声かけや親同士の会話を聞いて育つ中で、声のトーンから「今、親は機嫌が良いのか、それとも悪いのか」を感じ、察知することができるようになっています。言語を理解しない幼いころから、たとえその言葉の意味がわからなくても、話の内容ははっきりと聞こえなくても、親の声のトーンだけで「今、良い状態なのか、それとも何か不幸なことが起きているのか」を判断できるようになっています。いくら言葉を選んで話していても、親が不安であればその不安は子どもに伝わってしまうものです。ですから、どんなに不安でも、子どもに電話する前に完全にリセットして、「頑張ってるね」と、見えないけれど笑顔が伝わる声でお話ししてくださいい、とお話ししています。そうしないと、子どものテンションは一気に下がってしまいます。

医学部専門予備校の役割と求められるもの

清家　「医学部予備校にこんなサービスがあったら役立ちそうだ」と思うものはありますか？

中田　多様性を学べる場になるといいな、と思いますね。おそらく、似た人ばかりの環境で育ってきた子は多いと思います。「いろんな人がいるんだ」ということを知るだけでも、大きな学びになるのではないでしょうか。

そのひとつとして、医師以外の仕事についても知る機会があるといいと感じます。「最初から医師に一直線」というのと、「いろいろ見たけど、やっぱり医師っていいな」と思って医師を目指すのとでは、全然違うと思うんです。「人生にはいろいろな選択肢があるけれど、医学部に入るといいことがいっぱいありそうだ」と腹落ちできる経験は大事ですよね。

清家　確かにそうですね。将来、自分の患者さんとして出会う人は様々な仕事、様々な生き方をされている方です。その一人ひとりとしっかり対峙し、その人たちに寄り添っていくことができるような医師になるためにも、重要ですね。その意味で、医学部受験を終えた生徒たちには、家庭教師だけではなく、極力いろんなアルバイトをして、医師になる前に、仕事や世界を体験するように勧めています。勉強に忙しい毎日だからこそ、意識的にそのような経験をすべきであるとも伝えています。

中田　モデルケースを見せることも必要だと思います。私は家庭教師のアルバイトを経験して、何人も医学部合格者を出しましたが、成功要因のひとつは「私自身がモデルケースになれたこと」だと思っています。例えば「こういう人になりたい」「こういう医師がいるんだ」というモデルケースがあれば、勉強のモチベーションも変わってくるのではないでしょうか。「親のような医師になりたい」という子もいれば、真逆の子もいますから。

清家　確かに、親子関係は自分の未来のビジョンにも大きく影響を与えますね。それは必ずしも肯定的なものだけではなく、「親のようにはなりたくない」という子もいれば、すばらしい親御さんに憧れているがゆえに「自分には才能がない」「親のようにはなれない」とコンプレックスを持ち、苦悩する子もいます。

中田　家庭教師をしていたとき、その頃に担当した生徒で、ご両親が医師で「自分には才能がない」と落ち込んでいるタイプの子がいました。そこで、当時医学部生だった私は、髪を金色に染めたんです。「これでも医学部でトップの成績を取っている」と。ご両親とは真逆のモデルケースです。そうするとその子は「医師を目指す人にもいろいろな人がいるんだ」と感じ、モチベーションが上がったのです。

勉強ができる子にはさらに高いゴールを見せればいいし、そうでない子には身近なゴールを見せればいい。「いろいろな人が活躍しているし、自分もそのひとりになれる」ということに気づかせることが、とても大事だと思います。

清家　医師一家のお子さまが、親のようになることだけがすばらしい、そうでなければダメなんだと思い込んで苦しんでいる姿を見ると、別のゴールを見せることは重要だと感じます。

中田　ほかにも、これからの時代、テクノロジーについて学べる場があるといいですよね。ＩＴを使いこなせるかどうかで、医師としてできる価値提供の範囲が大きく変わってくると思うからです。新しい情報をキャッチアップするにも、コミュニケーションを取るにも、ＩＴの力をフル活用できる人なら、アウトプットを最大化できると思います。

清家　ＩＴを使って効率と精度を上げたうえで、自分にしかできない部分に時間を注ぐ。それによりアウトプットを最大化するということですね。

中田　そうですね。その感覚があるかどうかは、これからの医師にとっても大事だと思います。

清家　京都医塾では、iPadを活用した対面ICT授業や、さらにもう1台のタブレットを組み合わせて行うオンライン授業を導入しています。受験生のときからITに触れることには意義がありそうですね。

中田　大事だと思います。疑問に思うことがあったとき、研修医室に戻って専門書をひっくり返して調べる人よりも、タブレットを使ってその場でぱっと調べて現場に還元できる人のほうが、これからの時代は重宝されるでしょう。ただし、ITの力を使えば何でもできるようになりますから、これからの医師にはますます倫理観とモラルが求められるようになると思います。

清家　「医師として、人の役に立ちたい」という大切な指針がブレないようにする必要がありますね。

中田　医師は医学のプロとして、患者さんとは情報の非対称性があります。極端な話、悪気があれば何でもできてしまうわけです。患者さんを騙して、「病気を治す水です」と言って水道水を売ることもできるでしょう。「人のためにやっている」というモラルを持っておかないと、間違った方向に行ってしまいかねません。

清家　倫理観とモラルを大切にして、人の役に立つために、医師としてのライセンスを活かす。様々な医師の姿がありますが、中田先生は経営者として、その姿を体現されているわけですね。

私たちも、自らの人生を賭け、未来の医師を目指す子どもたちのために、「教育は、ひとりのために生まれる」という京都医塾の理念を大切にしながら、引き続き全力で取り組みたいと思います。

本日はありがとうございました。

第3章

医学部に合格するために

近年の医学部受験動向

本章では、「本気で医学部を目指したい」という方に対し、医学部受験の最新動向についてお話ししていきます。

一部のメディアは「医学部地域枠の定員割れ」を報じ、地域枠の医学部合格のハードルが下がったと紹介しました。また、ご自身がかつて医学部を受験し、合格した経験がある保護者さまであれば、「比較的低い偏差値でも合格できる医学部があるのではないか」「国公立大学の医学部は難しいかもしれないが、私立大学の医学部なら十分チャンスがあるのではないか」と考えておられる方もいらっしゃるかもしれません。

ここ10年間ほどの医学部受験の全体的な傾向は「医学部入学定員はわずか

に増加しているものの、総志願者数、特に私立大学の志願者数が大幅に増加し、合格の最低ラインが上がった」と要約することができ、受験生にとって「医学部受験競争」は激化しているのです。

詳しく見ていきましょう。

まずは医学部の入学定員についてです。

医学部の定員は、２００８年に地域の医師不足や診療科の偏在を背景に「過去最大程度まで医学部の定員を増やす」と閣議決定されました。実際に見てみると２０１０年から10年間で４８４人増加しました（図１）。

令和に入ってからも微増しています。ただし、今後も増加傾向が続くかどうかは不透明な状況です。

次に医学部の志願者数を見ていきましょう。

図２の棒グラフは、医学部入試の入学志願者数の推移を表しています。国公立大学の志願者はほぼ横ばいですが、私立大学の志願者は２０１０年から

図1　医学部入学定員の推移

2010	2011	2012	2013	2014	2015
8,846	8,923	8,991	9,041	9,069	9,134
2016	**2017**	**2018**	**2019**	**2020**	**2021**
9,262	9,420	9,419	9,420	9,330	9,357

出典：厚生労働省「令和4年版厚生労働白書－社会保障を支える人材の確保－」をもとに作成

図2　近年の医学部志願者数と定員の推移

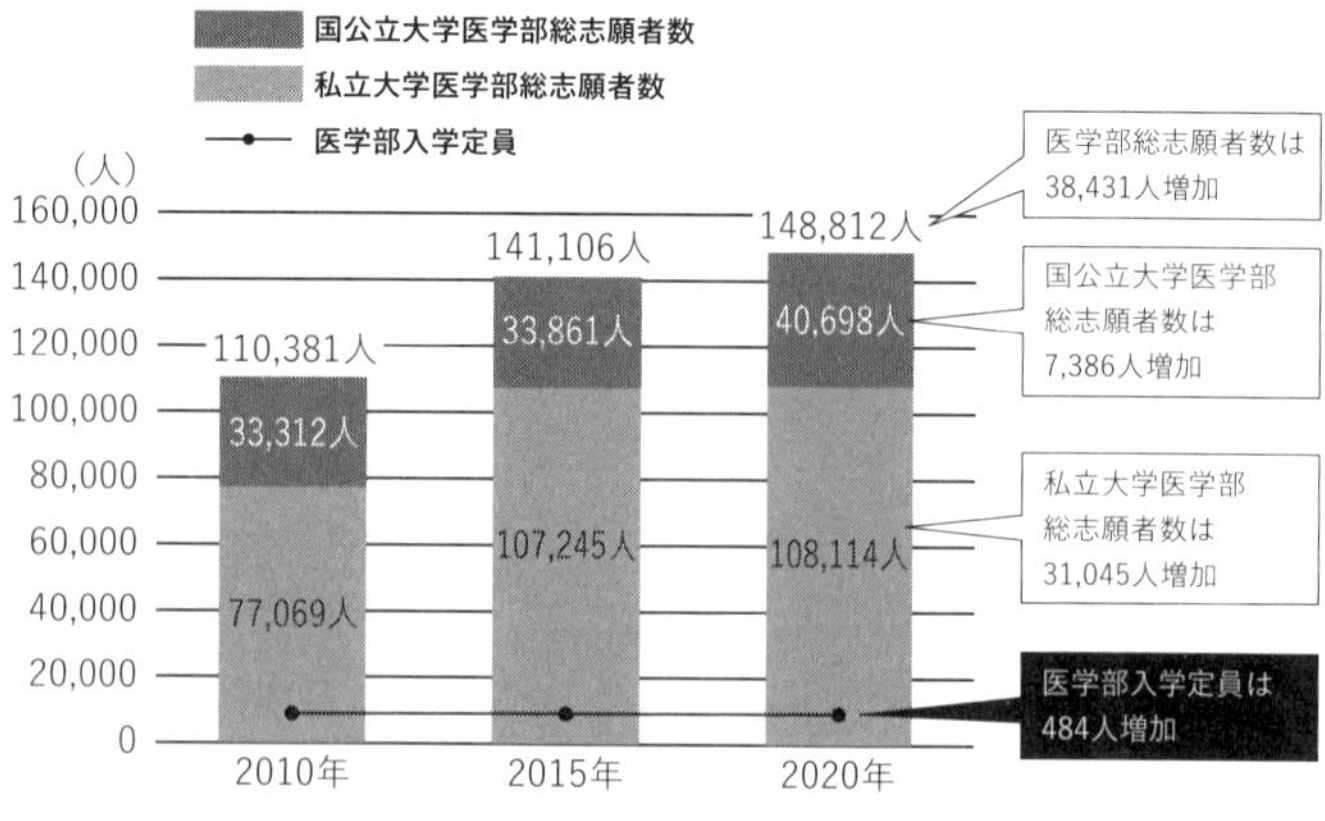

出典：文部科学省「学校基本調査」をもとに作成

2020年にかけて大きく増加。それ以降も高止まりしています。

図2の折れ線グラフは、医学部入学定員の推移を表しています。入学定員の増加率に対して志願者数の増加率の方が大きく、定員が増えたことによって医学部に入学しやすくなったというわけではなく、それどころか激化していることがわかります。

2021年時点において、全国にある医学部の数は82校で、うち防衛医科大学校を含めると国公立大学が51校、私立大学が31校です。これらすべての入学定員は約9400人と、1万人にも届きません（図1）。

一方、医学部志願者数は約13万人です。先ほどの入学定員をもとに単純計算すると、倍率は13・8倍で、13～14人の受験生のうち、たった1人しか医学部に合格できないのです。

私立大学医学部だけの倍率も算出してみましょう。

私立大学医学部の志願者数が約9万4000人であるのに対し、定員は3584人でした。倍率は26・2倍と、驚くべき数字になっています。

なぜ、医学部の志願者倍率はこんなに高いのか。その背景には、次の4つの要因があります。

① 理系受験生の安定志向

1つ目の要因は、以前であれば、東京大学や京都大学などといった難関大学の理系学部を目指していたはずのレベルの受験生が、工学部や理学部ではなく医学部を目指しはじめたことです。

日本が順調に成長していた時代においては、偏差値の高い大学を卒業した理系人材が活躍できる企業がたくさんありました。しかし、いわゆる「失われた30年」で日本企業の勢いは衰え、偏差値の高い大学を卒業した理系人材が満足できるような質・量の研究を続けることが難しくなっています。

そんな状況において、多くの受験生が「大企業に就職したからといって安泰ではない」「医師であれば、どんな時代でも安定した収入が得られるし、生活に困ることはない」と考えるのは、自然の流れのようにも思えます。

日本の医師免許には、更新や定年の制度がありません。医師免許を取得した人は、自ら職を退くと決めない限り、ずっと働き続けることができます。今後ＡＩがますます発達しても、医師という職業がなくなることはありません。高齢化に伴って需要が減少することも考えにくいでしょう。この視点で見ると、医学部志願者数の増加の理由を、医師という職業の持つ特性に魅力を感じる受験生が増えていることで説明することもできるでしょう。

②　受験形式の変化

２つ目の要因は、医療に関する社会的課題解決を目的として、医学部の定数の増員とともに、一般選抜、学校推薦型選抜、[*1] 総合型選抜、[*2] 医学部地域枠などのような様々な入試形式や枠が用意されるようになったことです。

＊1　旧推薦入試。出願時に学校長の推薦が必要な入試。「指定校制」と「公募制」がある

＊2　旧AO入試（アドミッション・オフィス入試）。高校における成績や小論文、面接などで人物を評価し、合否を判断する入試

特に医学部地域枠[*1]では、一定期間指定の地域で勤務すれば学費を免除するといった学生の経済的負担を軽くする制度が設けられたこともあり、一般家庭であっても私立大学医学部への進学を検討することができるようになっていると考えられます。

③「医師臨床研修制度」の導入

2004年、「医師臨床研修制度」[*2]が導入されました。これは、「診療に従事しようとする医師は、医学部卒業後2年以上、厚生労働大臣の指定する病院において研修を受けなければならない」という制度です。（詳細は＊2参照）

医師臨床研修制度が導入されるまでは、医学部を卒業した研修医は、卒業した大学の医局に入るのが一般的で、出身大学とつながりのない病院に入局しづらいとされていました。しかし医師臨床研修制度が導入されてからは、出身大学とは直接つながりのない大学病院や市中病院で研修を受けるケースが増えました。初期臨床研修を終了した後も、あらためて自分の希望する病

＊1 地方の医師不足を解消する目的で大学医学部に設けられた入試枠。医師免許取得後に規定の年限、指定病院で働くことを条件として、奨学金が返済免除されることもある

＊2 医師免許取得後に行われる医療現場での研修（初期・後期）。2004年から2年以上の初期臨床研修が必修化された。この臨床研修制度の導入に合わせて、どの研修医がどの病院で研修をするかの組み合わせを一定の規則に従って決める「研修医マッチング」という制度が新たに採用された

院へ就職しなおすことが比較的容易にできるようになっています。

この制度によって、特に私立大学の医学部受験は大きく変化しました。つまり、医学部受験において国公立大学であることや偏差値が上位である大学、地元の大学などにこだわるよりも、「いち早く医師になること」を優先し、私立大学、それも自分と問題などの相性が良い大学、合格可能性が高い大学を選ぶ受験生が増えたのです。

「私立大学の医学部なら合格しやすい」は本当か

次に、私立大学医学部の偏差値について見ていきましょう。

かつては偏差値40～50台の医学部もたくさんありましたが、昨今では、私立大学医学部に合格するために必要な学力レベルは、以前に比べてはるかに高くなっています。もはや私立大学医学部の偏差値は、国公立大学医学部の偏差値とほとんど変わらないというのが実情です。

図3　医学部入試2020年度難易度ランキング（一部抜粋）

国公立大学＋私立大学のボーダーライン偏差値（合格可能性50%）

	偏差値 57.5	偏差値 60.0	偏差値 62.5	偏差値 65.0	偏差値 67.5	偏差値 70.0	偏差値 72.5
国公立大学工学部	神戸・工 名古屋・工	東北・工 千葉・工 大阪・工		東京工業 京都・工	東京・理I		
国公立大学医学部			札幌医科 秋田・医 山形・医 富山・医 福島県立医科 鳥取・医 ・ ・ ・	北海道・医 旭川医科 筑波・医 滋賀医科 広島・医 琉球・医 ・ ・ ・	東北・医 千葉・医 名古屋・医 京都府立医科 神戸・医 九州・医 ・ ・ ・	東京医科歯科 大阪・医	東京・理III 京都・医
私立大学医学部			獨協医科 埼玉医科 北里・医 川崎医科	岩手医科 帝京・医 愛知医科 金沢医科 兵庫医科 近畿・医 久留米・医 ・ ・ ・	東北医科薬科 東京医科 昭和・医 日本・医 自治医科 大阪医科 関西医科 ・ ・ ・	順天堂・医 慈恵会医科 日本医科 産業医科	慶応・医

出典：河合塾発表データ（2020年6月時点）をもとに作成

図4　もしも受験生が100人だったら

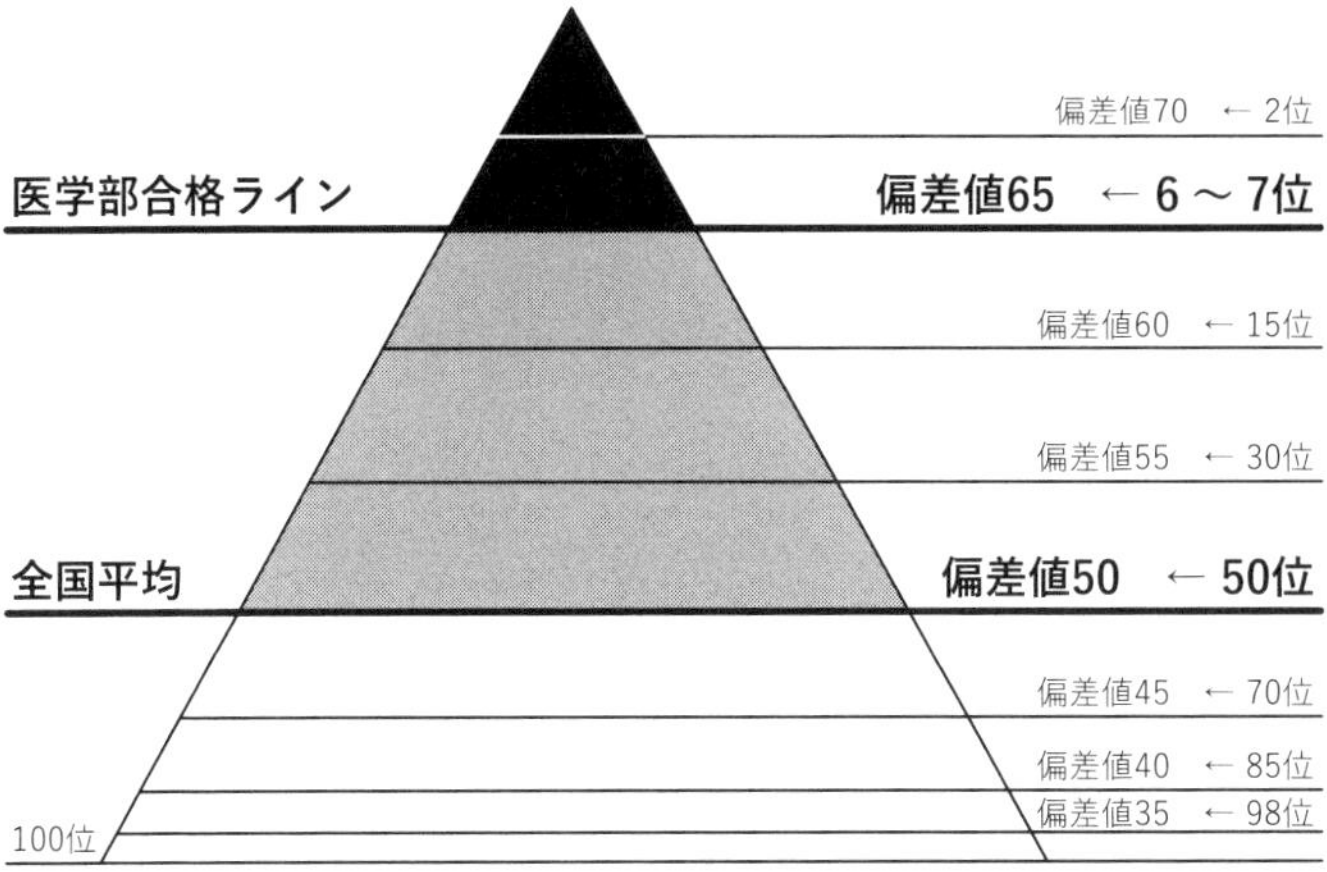

図３は、２０２０年度の医学部の偏差値一覧から一部を抜粋したものです。私立大学医学部の偏差値帯は、国公立大学の医学部とほぼ同等となっています。

ここで「偏差値」についてあらためて説明しましょう。偏差値とは「平均からどれくらいの差があるか」を表した数値で、全体の中での相対順位を知ることができます。わかりやすさのため、もしも受験生が１００人だったら、それぞれの偏差値が何位になるかを表した図を載せます（図４）。

偏差値50以上の人数は全体の半分である50％、そして、偏差値65以上の人数は上位6〜7％にあたります。医学部に合格するためには、約65以上の偏差値、すなわち、上位6〜7％に入る成績が必要であり、これは京都大学の医学部以外の理系学部に合格するための偏差値と同等です。

つまり、私立大学の医学部に合格するためには、少なくとも受験で使用する科目、英語、数学、理科2科目においては、京都大学に合格できるくらいの偏差値が必要となります。

令和のこの時代において、「私立大学の医学部なら簡単」という状況は存在しないのです。

もしも国公立大学の医学部を狙うのであれば、さらに共通テストを受験し、国語・社会も含めて80％以上の得点率が求められます。

第1章で、医療現場の過酷な状況をメディアの報道などでまのあたりにしたうえで、「自分もそこに飛び込み、医師として、人の役に立ちたい」と強く決意する子が増えたように感じるとお伝えしました。今、医学部を目指すということは、このようにモチベーションの高い受験生たちにまさるとも劣らない勢いで学習に取り組む必要があるということです。

「医師の親」にありがちな誤解

読者のみなさまは、ここまで医学部受験は医師である保護者さまが受験された当時とは、状況が大きく変化してしまっていることはおわかりいただけたかと思います。

「医学部合格診断」で京都医塾にお越しいただく生徒の保護者さまが、医師でいらっしゃるということもあります。その際には、保護者さまご自身が受験された時代と現代では、医学部受験がまったく異なってしまっていることをお伝えし、その違いをご説明し、認識していただくことから始めます。

私たちの感覚では、医師である保護者さまの7割くらいの方は、知り合いの医師から、「息子・娘が受験で苦労し、何年もかかった」、あるいは「なかなか医学部に合格できずあきらめて他の学部に進学させることにした」という話を聞いた経験をお持ちです。そうした方は漠然とは「医学部受験の難易度が上がっているようだ」と認識しておられ、現代の医学部受験の実情を説明した際にも比較的容易に理解していただけることが多いです。

一方で、最新の医学部受験の動向をお伝えしても、「いやいや、私立大学の医学部なら、偏差値40台でも合格できるところがある」「1年くらい頑張らせれば、普通合格できるはずだ」とおっしゃる方もいらっしゃいます。このような保護者さまには、図2や図3のような、医学部受験が厳しくなっていることを示すデータをお見せし、数字の見方や母集団の違いなどもご説明して、現状をご理解いただきます。

現在の臨床制度になって以降の医師にとっては、「卒業大学」よりも「初期臨床研修病院の配属先」、あるいはそれ以降のほうが意味を持つようになっています。これには、先述の「新医師臨床研修制度」が影響しています。

この制度の開始以前には、実家が病院である場合、医学部卒業後すぐ実家に戻り、院長を務めることができました。しかし2004年以降は、臨床医として働くには、医学部卒業後2年間にわたり、厚生労働省が指定する臨床研修指定病院*1のいずれかで初期臨床研修を受けることが必須となりました。その研修病院は、「医師臨床研修マッチング*2」によって決定されます。これはいわゆる医学部生の就職活動です。多くの場合、その大学の附属病院での研修を希望したとしても学力試験があり、セレクションがあります。したがって、医学部を卒業後、必ずしもそこで研修を受けられるとは限りません。しっかり勉強していないと、卒業大学の病院に残ることさえ叶わないことがあるのです。

逆に、仮に医学部受験では、偏差値が高くない大学に入学したとしても、医学部在学中にしっかり勉強しておけば、希望する病院に移り研修医として研修を受けることができるのです。入局は初期臨床研修が終わってからなの

*1 厚生労働省の定める基準を満たし、臨床研修を行う病院

*2 医師免許を取得した臨床研修志望者と、臨床研修を行う病院(研修病院)の研修プログラムとを、両者の希望を踏まえて組み合わせを決定する制度

です。

このように現代の研修、入局などの仕組みは、かつてとは大きく変わりました。医師である保護者さまが、お子さまが将来所属する医局にこだわられる場合であっても、今は必ずしも「卒業大学＝入局する大学病院」ではないため、入学・卒業する大学にそこまでこだわる必要はないといえます。

さらに、履歴書に卒業大学を書く医師も減り、研修以降や専門医認定以降に勤務した病院しか書いていない医師もたくさんいます。

このような実情から、現代では、将来のことを考え、入学する大学にこだわる意義も、かつてとくらべ大きくはなくなっているのです。

医学部に合格する人の3つの共通点

「子どもをどうしても医学部に入れたい」と考える保護者さまであれば、

「どうすれば医学部に合格できるのか」と真剣に考えておられることと思います。

具体的な方法は一人ひとり異なりますが、私たちが多くの医学部受験生をおあずかりしてきた中で医学部に合格する子には、次の3つの共通点があるということがいえます。

①　本気の覚悟
②　素直さ
③　感謝の気持ち

それぞれについて解説していきましょう。

①　本気の覚悟

これは最も必要なものですが、ここまで読んでくださった方には、その重要性はすでに十分に理解していただいていることでしょう。

医学部合格に向けて、壮絶な受験勉強を最後までやり抜く覚悟。これがなければ、医師への出発点である医学部受験をクリアすることはできません。

ここで、京都医塾で「本気の覚悟」を持って医学部受験に取り組んだ、ある生徒のエピソードを紹介しましょう。

医学部合格診断のために初めて京都医塾に来られたときのことです。面談は、京都医塾塾長の清家が行ったのですが、医学部を目指す我が子と一緒に面談に臨まれたお母さまは、このようにお話しくださいました。

「この子はとても良い子で、かしこい子なんです。やればできるんです。でも、今はまったく勉強に集中できていない。すぐにゲームに逃げてしまうんです……。その結果、今年もダメでした」と。

この生徒は前年度も有名大手予備校に通っていたのですが、高校生のときから、そして浪人してからも、ずっとゲームをやめることができず、お母さまがゲーム機器を取り上げては本人が奪い返してまたゲームを始める、ということを繰り返してきたということでした。

入塾前のカウンセリングの中で、保護者さまの思いと本人の気持ちをしっかりとお伺いし、医学部受験の厳しさと京都医塾での生活も伝えたうえで、最後に清家は彼に覚悟を問いました。

最終的に彼は「今度こそ本気で医学部受験に専念します」「ここなら自分は変われる。京都医塾で変わりたい！」と決意を語りました。今までのこともありお母さまは、半信半疑の様子でしたが、彼は私に向かって「今日でゲームは封印します。医学部に合格する日まで」と自ら約束をし、「明日から京都医塾に来ます」と告げました。そして本当に引っ越しも待たずに、翌日から京都医塾に通い出し、必死で勉強を始めたのでした。

しかしいよいよ寮へ引っ越しの荷物が届くというその日、お母さまから電話がありました。

「先生！　入塾をやめます！　引っ越し業者もキャンセルしました」

明らかに興奮したお母さまに、清家が事情を尋ねてみると、「あれだけ先生に約束したにもかかわらず息子は寮にゲームを持っていこうとしているんですよ。それも全部！　家の中にあったゲームがすっからかんなんです。また、裏切られました！」とのこと。お母さまは「もうダメだ、この子は変わらない」と思い、医学部受験をあきらめさせることまで考えられたようです。

ただ、清家は彼が「京都医塾に入って本気で医学部を目指す」と決めたあの日から、話し方も目の色も変わってきているのを感じていました。そんな彼がなぜ？　何か理由があるのかもしれないと思い、彼の自習している個人ブースに行って、直接本人と話をすることにしたのです。

そのとき、彼は清家に対して、このように話してくれました。

「京都医塾で変わりたい。ゲームは合格まで封印すると決めたから、すべてのゲームを段ボールに入れ、ガムテープで封をして父親の書斎に隠してある。嘘か本当かは確かめてもらえればわかるけれど、いちいち母親に話すのは面倒だった」

事実、お父さまの書斎には本人が隠したというゲームがすべてありました。

寮に持っていこうとしていたのではなく、彼は医学部合格のために「本気の覚悟」を持ってゲームと決別しようとしていたんですね。実際に次の春、すっかり生活面でも精神面でも、もちろん学力面でも「別人」となった彼は見事医学部に合格して進学しました。

② 素直さ

ここでいう「素直さ」とは、「教えられたことを信じ、そのまま実行する力」を指しています。そして、「自分を変えることができる力」でもあります。素直な子は、京都医塾に来た時点での学力レベルにかかわらず、その子の能力の限界までどんどん学力が伸びていきます。私たちはこれまでの経験から、そう断言できます。

本気で医学部合格を目指すなら、多くの場合それまでの自分のやり方を変えなければなりません。

「医学部専門予備校」である私たちは、医学部受験のプロフェッショナルと自認していますが、私たちの提案やアドバイスを素直に受け入れ、自分のやり方を柔軟に変えていく姿勢がなければ、劇的に成績を伸ばすことは難しいのです。実際、「自分なりの方法」にこだわり、我流を通し続けることで、伸び悩んでしまう子はたくさんいます。

例えば、私たちがその生徒のために最適化したスケジュールを提案しても、「自分は夜型なので、早起きするのは無理です」と実行しない子です。

入試が行われるのは朝から夕方ですから、入試の時間帯に最大の力を発揮できるよう、リズムを整えていく必要があります。私たちの提案を受け入れ、朝型のスケジュールに変えなければ、いくら一生懸命に勉強しても、本番ですべてを出し切れない可能性があります。ちなみに京都医塾が朝6時までに起きるように指導するのは、この「入試本番で最大限の力を発揮できるように」という理由だけではありません。今回この場では詳細を割愛いたしますが、入試までの1日1日の学習の効率と、1年間の学習効果を最大化させるためのメソッドでもあります。

もちろん、最初からこの「素直さ」を持ち合わせている受験生は多くはありません。私たちは入塾面談時に、「京都医塾は分析に基づき、あなたが最大の結果を得られるためのアドバイスや提案をします。まずは100%受け入れて実行してみる、それができますか」と問います。

受験生の大半は、今までの学習の結果「自分なりの方法」を持っているものですが、厳しいことをいえば、それでこれまで成績が思うように伸びなかったのは、その「自分なりの方法」が正しくなかったのだといえます。

京都医塾の医学部合格診断に訪れた生徒で「高校三年生の間成績は思うように伸びませんでしたが、それは部活で忙しくて勉強時間が十分に取れなかったからだ」と言う子がいました。しかし、その子の生活習慣とリズムを細かく分析すると、修正すべき点がたくさん見つかりました。この生活習慣とリズムを改めなければ、部活がなくなったところで、浪人したところで、学力が上がることはありません。合格したいなら、「これまでの生活習慣とリズム」を大きく変え、非効率に浪費されていた時間を、私たちのアドバイスする形ですべて効率の良い勉強の時間に変え、「本気の覚悟」を持って勉強に集中しなければなりません。

私たちの場合は、生活習慣・リズムからカリキュラムまで、分析に基づき、その子に合わせて勉強方法を提案します。それを素直にそのまま受け入れることができれば最も合格に近づきます。逆に例えばこの方法の一部、例えば5％を勝手に変えれば5％分だけ合格が遠のくこととなります。


医学部合格を手にするためのハードルが上がっている中で、限られた時間で受験生の上位6％に入り、合格するためには、「これまでの方法」「我流」「私流」を変える覚悟を持ち、時間の使い方、睡眠の取り方、食事の取り方などの生活リズムや生活習慣、勉強の方法を徹底的に見直し、改めなければなりません。

生活リズムでいえば、私たちはその子にとって最適な睡眠時間を探らせ、決められた時刻に寝起きし、日中の覚醒度をより高い状態にします。「今日は調子がいいから夜中まで勉強しよう」では、翌日の効率を下げてしまいます。さらに自律神経を乱し、結果としてトータルの勉強のパフォーマンスを下げることになります。

京都医塾に入塾する以前は宅浪（自宅浪人）で頑張っていた生徒がいます。「100%、合格のための勉強に時間を使ってきました」と言うのですが、話を聞いてみると、「夜中の2時や3時、ときには朝まで勉強しています。夜中のほうがなんか集中できるんです」「難しい問題が解けないときは、2～3時間でもあきらめずに取り組んでいます」とのことでした。

確かにやる気はありますし、努力もしていますが、これらは受験勉強としてはNGです。夜中に脳が活性化する習慣をつけても、本番の入試はお昼ですから意味がありません。疲労が最も溜まった夜中の勉強は、なおさら非効率です。また、有限な時間の中で難問に対して時間をかけすぎると、触れる問題数や知識の数、そして反復回数を減らしてしまいます。まずは、絶対的な基礎（京都医塾の1年を通じた指導の中で何度となく繰り返される言葉のため、私たちは「絶対基礎」と呼んでいます）を何度も高速で反復して身につけることを優先すべきです。

「自分なりの方法」がまちがっていても、自分ひとりでは気づきにくいものです。だからこそ、私たちのようなプロフェッショナルの分析とアドバイスが必要となります。

これまで自分なりに一生懸命勉強してきたという自負がある子ほど、「自分なりの方法」を捨てることに抵抗があります。しかし医学部合格のためには、「自分なりの方法」を捨て、正しい分析に基づくプロの意見を受け入れて実行する素直さを持ってほしいと思います。

「素直さ」は、受験勉強時はもちろんですが、医学部在学中の勉強や実習、研修、そして医師になってからも大きな力となります。先輩医師やそのほかの医療スタッフ、その人をサポートしてくれる人たちのアドバイスをどんどん吸収し、最短距離で成長していくことができます。「素直さ」は、医師としての学びと成長にも必要かつ重要なものなのです。

コラム

京都医塾生が、アドバイスを素直に聞ける理由

10代後半というのは、親の言うことを素直に聞けない年頃だと思います。京都医塾生にも10代後半の生徒が多くいますが、それでも素直に私たちの言うことを聞いてくれる子がほとんどです。

その秘訣は、入塾前にお渡しする「分析結果報告書」にあります。

京都医塾では入塾前に必ず、丸2日間かけて行う「医学部合格診断」を受けていただきます。カウンセリングや学習到達度テスト、体験授業を受けていただき、徹底的に分析を行います。中学や高校の基本的な学習内容、さらにいえば小学校の学習内容、幼少時に培われるべき能力まで分析し、その結果を最終日に、生徒と保護者さまに「分析結果報告書」としてご報告します。

ここで分析される能力や学力は、模試などで測れるものではありません。現に、京都医塾のこの分析レポートの結果を見るまで、お子さまも

保護者さまも気づかなかったことがたくさん表出してきます。

「うちの子は、成績は悪くないんですけど、医学部にはなぜかどうしても合格しないんです」と相談に来られたお母さまがいました。過年度の模試の結果を見ると、偏差値が60弱程度で、確かに医学部合格の可能性もありうる範囲です。それなのに3年、4年と合格しないという状態が続いていました。本人は「本番に弱いのかもしれない」「ケアレスミスのせいで……」と通っていた塾の説明を伝えてくれました。

そこで「医学部合格診断」を受けてもらい、分析してみると、それとはまったく別の「受からない理由」が明確になりました。実は、中学レベルの内容の基本的な知識に穴がある状態のまま、高校標準レベルの頻出典型問題の丸暗記で点を稼いでいたのでした。これでは、それ以上の伸びは見込めず、医学部合格レベルに到達することはありません。

「分析結果を聞いて、ショックで悔しい気持ちもあったけれど、今までなぜ受からなかったのかの原因が初めてわかり、それを解決すれば合格できるのだということに希望を見出せた日でもありました」

お母様は、その1年後に見事医学部に合格した生徒ご本人と一緒に来塾され、晴れ晴れとした表情でこう語ってくださいました。

この京都医塾の「医学部合格診断」は、〝初診〟にすぎません。たった2日間で、その子のすべてが分析できるなどとは考えていません。医学部合格診断で私たちが明確に決められるのは、まずは3週間後までのプランです。その3週間のプランに則ったカリキュラムで学習を進める中で、再度分析し、その結果に基いて時間割を変えていきます。

これは、医師が、初診に来た患者さんに1年分の薬をまとめて処方しないのと同じことです。たいていの医師は、初診では「1週間分の薬を出しましたから、これでどうなるか様子を見ましょう。1週間後にまた受診してください」などと言うでしょう。

私たちのやり方もそれと似ています。この例と違うのは、私たちの場合は初診の後も毎日生徒と会い、毎日の様子と授業の結果から分析して、処方をどんどん変えていくという点です。

時間割を数週間で変えたり、場合によっては1週間、あるいは週の途中でも変えたりすることさえもあります。カリキュラムに対して有効に学習が進められるように復習方法を指示・アドバイスして変えたり、担任のカウンセリングや心理師との面談を行ったりもします。その中でカリキュラムを常に最適化し続けていきます。

入塾前の医学部合格診断。その「分析結果報告書」の中にあらわにされた、自らの姿を読み終えた子どもたちは、「京都医塾は、自分のことを誰よりも正確にわかってくれている。そして自分を良いほうに変えてくれる」と確信すると、私たちのアドバイスを素直に受け入れ、それに従い、勉強に集中してくれるのです。

③ 感謝の気持ち

感謝の気持ち、これは、まずはお子さまにとって、最も近い存在である「親」に対して持つことが必要です。

お子さまの医学部受験をサポートするにあたり、保護者さまのご負担は少なくありません。金銭的負担だけでなく、精神的負担も並々ならぬものです。子ども自身がそのことを認識し、感謝の気持ちを持つことができれば、与えられたこの特別なチャンスにおいて「無駄な時間の使い方はできない」ということを自然と理解します。

私たちは生徒に対し、次のように伝えています。

「浪人をさせてもらい、自分の夢を追うことができているということの状況は親御さんのサポートにより可能になっている、特別で贅沢な時間です。寮や家に住まわせていただき、食事がある。たとえ宅浪だとしても、それも親御さんの負担の上に成り立っている特別な環境です。

浪人生は、『自分が頑張っている、自分が一番しんどい』と思っているかもしれない。が、それは違う。

全力で頑張っても必ずしも報われない医学部受験。確かにあなたは、本当に合格できるのだろうか、と不安になるだろう。しかし、それを見守りながら、そっと祈りながら伴走し続ける親御さんは、あなた以上に大切な我が子のことが心配で不安でたまらないのです。この気持ちは、あなたが親になったときに初めて本当に理解するのかもしれない。でも、医学部受験を続ける間は、親御さんにそうした心配や負担をかけていることを、知っておいてください」と。

感謝の気持ちを持つことは、「本気の覚悟」にもつながっていきます。

「医学部受験のための勉強に1年間を捧げる」と決めた時点で、受験生本人はもちろん、保護者さまもしんどい思いをすることが確定します。受験生自身が、「親が、そのしんどさを覚悟して、一緒に生きてくれている」と本当の意味で理解できるかは生徒それぞれですが、少なくとも、そうだと知ることで、「自分がしんどいなどと言ってはいられない」「合格のために自分は、与えられたこの時間を無駄にできない」という覚悟が生まれるでしょう。すると、授業を一生懸命受けるのは当たり前のこと、それ以外の時間の使い方もおのずと変わってきます。

受験生が毎日勉強を続ける中で、ときには「友だちと遊びたい」といった気持ちになることもあるでしょう。「ごはんを食べに行くくらいならいいだろう」「友だちが悩んでいるようだから、少し話を聞いてあげなければ」と考えることもあります。

私たちはそんなとき、厳しいようですが、次のように伝えます。

「この1年は君にとっての人生の転機だ。この1年における優先順位を考えよう。友だちと食事に行くのも、悩みを聞いてあげるのも、医学部に合格してからにしてください。親御さんは、あなたの大切な人生の転機に、これだけの負担を背負って勉強する時間を確保してくれています。親御さんは、その時間を100％、あなたの夢を叶えるために使ってくれると信じています。費用面でも精神面でもあらゆるコストを支払って用意された特別な時間を、友だちと話したり遊んだりすることに使っていいと思いますか？　授業時間だけではありません。自習や課題の時間も含めて、親御さんが負担してくれている学費とサポートで成り立っています。その時間を遊びに使う、あるいは『勉強以外に浪費する』のであれば、それは親の財布からお金をドブに流していることと同じです。また、その時間を友だちに使うということは、端的にいえば、親の財布からお金を抜いて、それを友だちに格好をつけて渡しているのと同じことです。本当は、自分の人生のために、それ以上に優先すべきことがあるのにです。あなたが勉強に取り組む時間はすべて、保護者さまがプレゼントしてくれた時間なのです。その時間を、あなたは受験勉強以外のことに使うことができるのですか？　そう思うのであれば、そんなことを続けるのであれば、他に大事なことがあるので『医学部受験から降ります』と親御さんにきちんと伝えるべきです」

もちろん、子どもたちには悪気はありません。「友だちと少し息抜きをしたい」「これくらいなら大した影響はないだろう」という油断、あるいは「友だちの悩みを聞いて、力になってあげたい」という純粋な優しい気持ちがあるだけです。

しかし、現実には時間は有限です。私たちは子どもたちにそのことをしっかり伝え、「勉強する時間」を確保してくれる保護者さまや、サポートしてくれる周囲に対する感謝の気持ちを持って、医学部受験のために与えられたこの期間は、まずは自分の合格のため、そして、その合格を願いサポートしてくださる保護者さまのためにも、受験勉強にのみ集中してほしいと考えています。

特に、「悩んでいる友だち」は、少しやっかいな存在です。

医師を目指す子どもたちの多くは、「困っている人を放ってはおけない」という優しい気持ちを持っています。「悩んでいる友だちの話を、夜中まで聞いてあげた」という子もいます。

悩みを聞いてもらった友だちはスッキリして、また勉強を頑張る力が生まれ、合格に一歩近づけるかもしれません。また、勉強にだけ向き合う日々の中で「人のために役に立ってあげられた」という満足感は、一時的にその子を幸せにします。しかし結果として、悩みを聞いてあげたほうの子は、自分の貴重な勉強時間や睡眠時間を削られています。そして、それはそのまま合格の可能性に影響するのです。受験に失敗してしまったときに後悔しても遅いのですが、なかなかこれに気づくことができる生徒は多くありません。

「受験生である間は、周囲のすべての人を、友だちを救う必要はありません。それよりも、医師になってこれから出会う人たちのために、あなたを待つ未来の患者さんに、それまで得たあなたの力を使って還元してあげることが重要ではないですか。『その困っている友人』は、京都医塾のスタッフがサポートするので、あなたは安心して、自分の本来なすべきことに集中してください」

「やさしい気持ち」で「悩んでいる友人」に、無意識に時間を奪われかけていた生徒には、このように話をしています。

京都医塾生であるかどうかにかかわらず、医学部を目指す受験生には、裕福な家庭に育っている方が一定の割合でいます。そして、教育熱心な親御さんが先回りして準備してきたこれまでの環境が当然のものだと思っている子も多いです。そういった場合は、残念ながら、浪人という特別な環境が「当たり前」で、感謝の気持ちを抱きにくい傾向にあります。

そんな子たちに、塾長の清家は次のように話しています。

「自分の夢を叶えるためにエクストラの時間＝浪人が許される、そして京都医塾に1年間通うことができる受験生は、世の中でもわずかな割合しかいません。自分の子どもが『京都医塾に通いたい』と言っても、ぼくはすぐに断るでしょう。学費を捻出できませんから」

この話を聞くと、子どもたちはハッとし、自分がいかに恵まれているかにようやく気づくようです。

あわせて次のように伝えます。

「親は、精神的にも費用的にも大きな負担を覚悟のうえ、この1年をあなたと一緒に生きています。もしかするとあなたが受験に失敗して傷つくことになるかもしれない、そう考えると心配で仕方ないのです。あなたが医学部受験にチャレンジしている期間はずっとあなただけではなく、親御さんも一緒に心を悩ませている期間なのです。あなたたちはまだ、そのことをよく理解できないかもしれません。自分が親の立場になるまで、きっとわからないと思います。でも、理解しようとしてほしいのです」

生徒自身が「この時間は親がくれた貴重な時間だから、絶対に無駄にしない！　全力で大切にしよう！」と決意すると、彼らの集中度は劇的に変わります。

医学部受験は、「自分が、自分の夢のために、親から特別なサポートを受けている」と認識できるチャンスでもあります。その認識を持つことができれば、周囲の人へも自然と感謝の気持ちが持つことができる人になります。周囲の人への感謝の気持ちが持てることは、社会人・医師としても必須の資質ですので、この変化は、その後の医師としての生き方にも大きな良い影響を与えます。

この意味でも、医学部受験を通して、子どもたちは人間的に大きく成長するのです。

ただし、「自分が大きなサポートを受けている」「それなのに結果が出ないかもしれないそうなったら大変なことになる。終わりだ」と、時に過剰なプレッシャーを感じてしまう、まじめな子もいます。

そのような子については、私たちはその子の心のバランスが崩れ、日々の学習に悪い影響が出ないように目を配り、必要に応じて保護者さまやカウンセラーとも相談しながら対応しています。

保護者さまにお願いしている2つのこと

お子さまの医学部合格のために保護者さまにはご注意いただきたいことがあります。京都医塾では2つのことをお願いしています。

① 子どもを褒めること

② 親の不安を子どもに伝染させないこと

私たちは日々、受験生に対し、モチベーションを維持するための声かけを行っています。模試の結果などに一喜一憂することなく、モチベーションを高く保ったまま受験勉強を継続できるマインドセットを形成することは、京都医塾スタッフの重要な役割のひとつです。

受験生は若く未熟ですから、模試の結果などに対して一喜一憂することを完全に防ぐことはできません。例えば、模試においてたまたま得意分野が多めに出題されたために、成績が普段以上に良く出る場合があります。そういった場合は、実は今回は出題されなかった苦手分野が克服されていないにもかかわらず、その結果から錯覚が起こり、過信や油断につながって学習ペースが狂い始めることがあります。一方で、模試で期待するような結果が出せなかった場合は、モチベーションが低下し、そこから生活や学習リズムが乱れ、体調を崩し、全体の学習の効率を下げることがあります。

私たちは入塾直後の面談で、一人ひとりにグラフを作成し「あなたが京都医塾が提案する勉強を確実に正しく続けたならば、この折れ線グラフのこのラインに乗って学力が向上すると予測されます。そしてそのそれぞれのパターンの確率は△％です」「これからも面談で、この予測どおりに進んでいるかどうかを確認します」と伝えます。「これから学力がどう伸びていくか」を事前に想定し、示しておくのです。もちろん、実際の成績はそれより上振れすることも、ときに下振れすることもありえますが、重要なのは、その「数値」だけではなく、その数値の背後にある「中身」の分析です。それは、その「原因」と「対策」、そして「今後の学習指針」です。京都医塾は、授業や復習テストや口頭での聞き取りなどで「中身」をしっかりと分析します。その分析に基づくアドバイスを守り、不完全な部分を修正していくことが大切なのです。京都医塾は、「一喜」も「一憂」も避けて、「淡々と」目の前のなすべき勉強に取り組んでいくよう指導しています。

ここで重要なポイントとなるのが、保護者さまにその指導方針や見込みを共有し、同じ認識を持っていただいておくことです。そのために、年に5〜6回行われる三者面談に必ずご参加いただき、その内容をお伝えするようにしています。保護者さまが、京都医塾が本人に伝えている方針をご理解されていないと、私たちの方針とは異なる誤ったお声がけを子どもにしてしまい、彼らが混乱し、結果として学習効果が落ちてしまうということになりかねないからです。

医学部受験においては、学力向上の道筋は一人ひとり異なりますが、最終的に医学部合格の水準に達することが目標になります。「学力がこのように伸びていく」「その過程でこのようなことが起こる可能性がある」と予見できていれば、保護者さまとしても模試の結果に一喜一憂せずにすみます。

模試の結果が思うように伸びないことで、最も不安定になるのは、もちろん受験生自身です。保護者さまの何気ない一言でモチベーションが落ち、継続的・集中的な学習がストップして立ち直れなくなるケースを、これまで多く見てきました。一方、三者面談で私たちのスタンスをきちんと理解してくださった保護者さまの場合、仮に模試の結果が一時的に芳しくなくても、「現時点ではまだ結果が出ていなくても、毎日京都医塾の正しい勉強を続けられているならきちんとこれから上がってくるよ。あせるな」といった、ポジティブな言葉をかけてくださいます。

逆に急に成績が跳ね上がったとしても、「これなら大丈夫だ」「次はさらに偏差値10アップを目指せ」といった言葉も避けていただくほうがいいでしょう。その後もなすべき勉強を毎日淡々と続けてもらうことが重要です。「本当によく頑張っているね」「この調子で焦らず」「とにかく体には気をつけてね」とお声がけいただけるとありがたいです。

保護者さまとしても、もちろん模試の成績表の数字が気になると思いますが、途中経過においては、重視すべきは表面上に現れる数字だけではありません。私たちが分析でお伝えするその数字の「中身」と、子どもが全力の努力を続けられているかどうか、にも注目していただきたいです。毎日の勉強を全力で続けていること、成長を続けていることの意義を、まずは認めてあげていただきたいと思います。

親の行動が子どものメンタルを大きく左右する

受験生をファイターだとすると、私たち京都医塾はそのサポーターですが、私たちのさらに上位にいる『最強のサポーター』が保護者さまです。

お子さまに京都医塾という環境を与え、サポートされることは、保護者さまの理解なくして実現しません。ですから、もしもお子さまの人生の転機を戦う場所として京都医塾を選んでいただいたならば、ご本人を中心に、保護者さま、京都医塾が三位一体となって医学部合格という同じ目標に向かって全力で進んでいけるようにしたいと考えています。

「合格」という結果が出るまで、お子さまは本当に不安でたまらない状態です。その心情を素直に表に出せる子もいれば、出せない子もいます。不安であると自覚している子も、そうでない子もいます。いずれにせよ、医学部受験にチャレンジしているというだけでとても大きなストレスがかかっています。そのような状態で勉強を毎日淡々と続けなさいというのは、実は、とても難しい要求です。そんな受験生をサポートするために、京都医塾では、担任が毎週カウンセリングを行い、学習面だけではなく、生活面、体調面やメンタル面を分析・アドバイスします。さらに上級心理カウンセラーも常駐してお声がけをしています。さらに、臨床心理士[*1]・公認心理師[*2]によるカウンセリングも行います。心的ストレスへの対応だけでなく、社員として常駐する整体師による、身体的ストレスへのサポートも行っています。

しかし、これらの様々な私たちのサポートを一気にひっくり返してしまえるほど大きな影響力を持つのが、実は保護者さまなのです。

親の言葉というのは、ある意味当然なのですが、想像以上にお子さまに影響を及ぼします。特に医学部受験生が100%全力で戦っているときというのは、本来不安定な精神状態をギリギリ絶妙のバランスで維持しているもの

＊1 公益財団法人日本臨床心理士資格認定協会が認定する公的資格。臨床心理学に基づく知識や技術を用いて人間の心の問題にアプローチする専門家

＊2 2017年に心理職初の国家資格として新設された資格。心理学の知識と技術を用いて援助する専門家

です。そのようなタイミングでのお声がけは要注意です。親の不安と、それが伝わってしまうような言葉は、お子さまの感情を簡単に大きく揺さぶります。保護者さまの声かけで、受験生は簡単に心を揺らされてしまうのです。まだ狭い世界で生きている受験生にとって、最も身近な存在である親の評価は、自分の人生の大きな部分を占めています。

私たちは、保護者さまに次のようにお伝えしています。

「勉強に関しては、私たちがしっかりと分析し、指導していきます。まずは、京都医塾で毎日勉強しているということに対し、『よく頑張っているね』と褒めてあげてください。毎日毎日これほどに密度の高い勉強を長時間続けることができているというだけで、すごいことなのです。毎朝6時に起きて、14時間も集中して勉強して、24時までに必ず寝るという生活を続けていることは、実は容易なことではありません。そのことを褒めてあげてください」

声かけでもうひとつ重要なポイントは、たとえ電話であっても「笑顔が見えるような声」で話すということです。

子どもは、親の感情を敏感に読み取ります。生まれたときから一緒に過ごしているのですから、親がどんな気持ちでいるか、声のトーンから些細な変化までをキャッチします。ネガティブな言葉ではなくても、声のトーンから「親が自分のことで不安になっている」と感じ取るのです。そして「自分の人生に何か良くないことが起きている」と感じてしまいます。たとえ、実際には何も起きていなくても親の不安が伝わると、子どもはそのように感じるものなのです。

明るいトーンで「頑張ってるね」と声をかけてください。保護者さまには、最後まで自分の不安を子どもに見せないよう、覚悟を持っていただく必要があります。

もしもどうしても不安になったら、お子さまにではなく、京都医塾に相談や質問をすることで、その不安を預けていただきたいです。

医学部を受験すること、お子さまと一緒に子どもの医学部受験という時間を生きると決めたなら、合格までお子さまと一緒に走り続けてほしいと思います。

子どもにネガティブな言葉は絶対にNG

私たちは、子どもたちから「親にネガティブなことを言われるので、つらい」「勉強に集中できない」と相談されることがあります。

もちろん、保護者さまの気持ちもよくわかります。

京都医塾には、北海道から沖縄まで、全国から覚悟を決めて入塾してきた受験生が待っています。私たちは京都医塾に入塾し、京都で過ごし、医学部合格のために勉強に専念することを「京都留学」と呼んでいますが、その言葉がまさにふさわしいほどに子どもたちはこれまでとまったく違う環境で、地元の友だちとも離れ、一切の雑念を振り払って、勉強に集中し、医学部合格という大きな壁に立ち向かっています。

ひとり暮らしがきちんとできているかを心配されることもあるでしょう。

模試の結果が目標に、あるいは期待する値に達しなかったときは思わず「どうなの、本当に大丈夫なの？」「このままじゃダメじゃないの？」「何とかしないと」と、このような言葉がふと口をついて出てしまうこともあるでしょう。

生徒からそうした相談を受けるとき、私たちは次のように話します。

「親御さんは、あなたのことを責めたいわけではないよ。親御さんにとって一番大事な存在であるあなたがどうなるのか、本当に不安で仕方がないだけなのです。こんなに一生懸命頑張っていることを知っているから、その努力が万一報われなかったときに、あなたがおそろしく落ち込んでしまうのではないか、と不安なのですよ」

なかには、「本当にしんどい中、必死で頑張っているのに、親に『もう医学部受験なんてやめたら』と言われました」と相談に来る子もいます。そんな子には、次のように伝えます。

「それはきっと、『どうせ無理だからやめておけ』という意味で言っているわけではないと思うよ。あなたが苦しんでいる様子を見て、だまって見ていることに耐え切れず、『これ以上苦しむようならもう解放してあげたい』という親心から出た言葉だよ」

実際、こうした保護者さまに「本当に医学部受験をやめさせたいのですか？」と聞いてみると、「そういうつもりではなかった」「不安で我慢できず、つい言ってしまった」とおっしゃるケースがほとんどです。

もしもこんな声かけをしてしまったときに、それでもお子さまが「頑張り続けたい」と言ってきたなら、そのときは親御さんも今度こそ「本気の覚悟」をして、「頑張ってるね」「何があっても大丈夫」「応援しているよ」「とにかく体だけは気をつけて」と声をかけてあげてください。厳しいことを言いますが、そのような声かけができないのであれば、「本気の覚悟」を持って見守れないのであれば、医学部受験を続けるのは厳しいかもしれません。

「子どもの成績がまだ伸びてこないのを見ていて不安」「受験を続けさせることがいいのかわからない」という気持ちも、親として当然だと思います。とてもよくわかります。お子さまが苦しそうであるのを見ながらも、本人が頑張りたいと言うので、笑顔で応援し続ける。これがつらいのも、簡単ではないことも理解しています。

しかし、苦しんでいるお子さまを支えられるのは、保護者さまなのです。

入塾面談で、時折「この子は中学受験に失敗したんです」と本人の前で話される保護者さまがいらっしゃいます。私達の分析のためにきっとお子さまの学習にまつわるヒストリーや情報を極力すべて京都医塾に伝えてくださろうとしてのことだと思います。しかし、これは本人の前で絶対に言ってはいけない言葉のひとつです。子どもの自信を喪失させ、コンプレックスを植えつけてしまいます。

受験で不合格になった経験のある子どもが、「本気の覚悟」を持って医学部受験に挑戦しようとしているのです。しかし、「最強のサポーター」であるはずの親が本人の前でこの言葉を話すのは、子どもに「あなたは失敗者だ」と刷り込んでいるようなものです。

かつて第一志望の中学校には合格しなかったかもしれませんが、それが人生の失敗かどうかはわかりません。第二志望の学校に行ったからこそ、得られたものもあるでしょう。「想定外の学校に入学することになったけれど、いい経験ができたようだし、こんなにすばらしい子に育った」と話してください。

医学部合格を目指す子どもは、人生のチャレンジの真っ最中です。「かつて受験に失敗した」というレッテルを貼ることなく、目の前のお子さまの奮闘を応援してあげてほしいと思います。

「医師になる」という「本気の覚悟」があれば大丈夫

京都医塾で医学部合格を目指す子どもたちは、一喜一憂しないような強い覚悟を持ち、毎日厳しい勉強を続けますが、それでもうまくいかない瞬間があります。それまでずっと頑張ってきたけれども、「やっぱり無理なんじゃないか」「1年間全力でやってきたけど、この生活をもう1年続けられるのだろうか」と、不安な気持ちに襲われる瞬間が訪れるのです。

覚悟を持ち、本気の医学部受験をスタートした瞬間には、強く決意できていても、「次の模試でこれだけ偏差値を上げる」「次の春にはこの大学の合格を勝ち取る」、そんな目標が達成できなかったり、体調を崩してしまい思うように勉強できない期間ができてしまったりすると不安になり、ときには、合格をあきらめる気持ちになったり、勉強のモチベーションが下がってしまうようなことがあるのは人間として当たり前のことです。

医学部合格は「医師になる」という目標までのひとつの通過点にすぎませんが、まずはその目の前の医学部受験、医学部合格という大きな壁を乗り越え、医師という目標に到達できるようにサポートしなければなりません。私たちは、その子の落ち込んでいる原因を特定してその原因を取り除くか、落ち込む気持ちに寄り添う、あるいは解釈自体を変えてあげます。


私たちは、「京都医塾で勉強した範囲が完璧に解ければ受かる」、そうなるように、基礎を徹底的に固めさせています。ある段階で偏差値が低い科目があっても、既習範囲については完璧にできるような勉強を続けられている限り、既習範囲が拡大していくにつれ、つまり、時間が経過し、京都医塾の授業が進むにつれ、力は、偏差値は伸びていきます。

英語を例にすれば、単語と単語を適当につないで文を作るというような方法でたまたま正解してきたのであれば、再現性はありません。英語を正しく確実に読解する方法を手に入れているわけではないので、次に同じような問題があっても、同じようにすることはできず、安定した実力とはなりません。
基礎を確実に習得していなければ、たとえ模試で一度A判定が出ても、偏差値65が出たことがあっても、それは医学部に合格できることを意味しません。逆にいえば、基礎をしっかり習得していれば、模試ではまだ十分な結果が出ていなくても、この先に学力が伸びて合格に至る可能性は十分にあります。

私たちは、本人の「医師になる」という決意や覚悟が揺らがない限り、全力でサポートしていきます。受験生本人、保護者さまと三位一体となり、子どものメンタル面・フィジカル面のサポートも含め最も学習効果が上がる形を提案し続けることによって、目の前の壁を一つひとつクリアしていきます。その先に「医学部合格」そして「医師になる」という道が拓けるのです。

本書では、医学部受験の過酷さや「本気の覚悟」が必要であることを繰り返し述べてきました。その結果、医学部受験に尻込みしてしまった人もいるかもしれません。

けれど、もう一度言いましょう。本気で「医師になる」と決めたなら、「本気の覚悟」を持ったなら、きっと大丈夫です。

「本気の覚悟」と正しい努力の継続があれば、医学部受験という貴重な期間においてかけがえのない経験と力を得ることができるでしょう。そして今後社会がどんなふうに変わろうとも、強く人生を生きていくことができる。私たちはそのように信じています。

今回、特別寄稿として、経済アナリストであり株式会社マネネCEOでもある森永康平氏が、この「社会がどんなふうに変わろうとも」、「医学部受験という貴重な期間でかけがえのない経験と力を得る」ことができるという趣旨の文章を書いてくださいました。

医学部専門予備校である京都医塾とはまた別の視点で、お子さまの選択肢を広げることの重要性を書いておられます。是非お読みください。

特別寄稿

大切なのは「未来予測」よりも、子どもがたくさんましく生き抜けるようにたくさんの「選択肢」を与えてあげること

経済アナリスト
森永康平氏

プロフィール

森永康平（もりなが・こうへい）

経済アナリスト / 株式会社マネネCEO
証券会社や運用会社にてアナリスト、ストラテジストとして日本の中小型株式や新興国経済のリサーチ業務に従事。業務範囲は海外に広がり、インドネシア、台湾などアジア各国にて新規事業の立ち上げや法人設立を経験し、事業責任者やCEOを歴任。日本証券アナリスト協会検定会員。経済産業省「物価高における流通業のあり方検討会」委員。著書は『親子ゼニ問答』（角川新書、2019年）、『スタグフレーションの時代』（宝島社新書、2022年）など多数。

私は大学入学時に経済学部を選んだのですが、その大きな理由は、周囲から「経済学部は潰しが効く」とアドバイスをもらったことです。実は、本当は文学部に興味があったのですが、当時は「文学部は就職に不利だ」とよく言われていました。文系の場合、就職に役立つのは経済学部か経営学部、もしくは政治経済学部というのが一般的で、将来のことを考えて経済学部への進学を決めたわけです。

当時と今とでは、そんな考え方も変わっているかもしれないし、学部選びと就職先については、様々な議論があるでしょう。ただし、「人間が生きるうえで必須の知識や資格を持っている人は、食いっぱぐれるリスクが低い」というのは、いつの時代も変わらないというのもまた事実です。「食いっぱぐれない知識」として特に強いと思うのは、「医学」と「法学」。資格でいえば「医師」「弁護士」となりますが、この2つを習得できるなら、それなりに時間やお金を投資する価値は大いにあると感じています。

今回は、『うちの子、医学部ってアリですか？』への寄稿文として、これからの時代における医学部人材の強さについて、私なりの見解を述べたいと思います。

少子化が加速する日本経済の行く先

現代日本の大きな課題といえば、まず少子化が挙げられます。婚姻数が年々減少し続ける中で、今後少子化がますます加速することは、既に確定事項だといえます。

それではなぜ、現代の日本人は子どもを持たなくなったのか？——価値観の変化といえばそれまでかもしれませんが、実は「結婚を希望する人の割合」や「理想の子どもの数」が大幅に減ったというデータは確認できていないのです。それなのに少子化が進む背景としては「経済的な不安」が大きく、日本経済が停滞して賃金も伸び悩む中で、子どもを不自由なく育てていける自信がない人が増えている。結果として「子どもを持たない」という結論に至る人が多いことが予測できます。

そう考えると、経済的不安を取り除けば、少子化問題は解決に向かうと考えられます。しかし一方で、現政府が推進するのは「社会保険料や税率を引き上げたり、各種控除を廃止したりすることで少子化対策のための財源を確保する」というまったく真逆の政策です。これでは経済的不安はますます肥大化していくばかりで、出生数の増加はとても見込めません。

このような時代において、どのように子どもを育てていけばいいのか。私は常に、悪いシナリオを想定する必要があると考えています。この場合、「少子化対策はうまくいかない」というシナリオということになりますが、要は「日本の人口は減り続け、日本経済はますます成長しづらくなる」という前提のもと、物事を考えていかなければなりません。

少子高齢化×AI時代における「医学部人材」の強み

「医学部受験」という本書のテーマで考えれば、少子高齢化が進むにつれ、医師の世界はますます人材不足に陥ります。医師のニーズがますます高まる中で、つまり医師免許を取得すれば、これまで以上に「求められる人材」になれるといえます。

さらにこれからの時代、医学部を卒業したからといって、必ずしも医師として働き続ける必要はなくなった、ということがあります。一昔前は、医学部を卒業したら医師になるというのが大多数の選択でした。しかし多様性が尊重される現代においては、「医学部を卒業したけれど、医師以外の道に進みたい」という選択がしやすくなっているように感じています。

それでは、医学部を卒業した場合、医師以外にどのような選択肢があるのか。そのひとつのキーワードが、ＡＩやロボットを活用した自動化です。

日本は「ものづくり大国」と評されます。日本は人口減少が進む中で、独自の技術力を活かして経済成長を目指すことになります。当然ながら、ＡＩやロボットの技術は医療現場にも導入され、医療×ＡＩ、医療×ロボティクスをかけ合わせたベンチャー企業が多数生まれると考えられます。医師免許を持つ人材は、こうした新しいベンチャー企業を率いていける希少な存在となるはずです。

つまり医師免許を取得した人には、「医師として医療現場で活躍する」だけでなく、「医学の知識を活かしてビジネスの現場で活躍する」という選択肢が与えられるのです。

医学部出身者が備える唯一無二のスキルセットとは

私は普段から国内外の投資家と話す機会が多いのですが、ヘルスケア系のベンチャー企業は投資対象として常に強い存在感を示しています。ヘルスケアサービスに対するニーズは、決してなくなりません。ヘルスケアの領域は、性別や年齢、国籍、宗教などに関係なく、巨大かつ盤石な市場なのです。投資家にとって、これほど安心できる市場はないわけです。そしてそんなヘルスケア企業の経営陣には、医学部出身者が多くいます。

もちろん、医学部卒業後の活躍の場は、医療×ビジネスの領域にとどまりません。医学部受験という大きな困難を乗り越える過程で身につけた論理思考能力やハードワークをこなす力は、コンサルティングファームや外資系金融機関をはじめ、あらゆる業種・業界で役に立つスキルセットであり、その意味では、医学部出身者はあらゆる分野に可能性が拓かれているように思います。つまり医師免許を持つ人は、「医師不足」と「労働人口不足」の両方に対応できる人材であり、この先、いかに悪いシナリオが現実化しても、生き抜く力を備えているのではないでしょうか。

くわえて、医学の知識は人間にとって重要なものですが、その知識を身につけられることも、医学部出身者ならではの強みです。私の話になりますが、子どもが小さいころに引きつけを起こしたことがあり、もちろん医学の知識なんてありませんから、すさまじい不安が襲いました。痙攣する子どもを見て「もしかしたら死んでしまうかもしれない」と大慌てしたことを覚えています。

しかし、搬送先の医師の先生は「大丈夫ですよ」と落ち着いたものでした。医学の知識の有無、症状を冷静かつ客観的に判断できるか否かの差が、自分とこの先生の違いだったわけです。生きている以上、常に健康ではいられません。自分や大切な人の身体に異変が生じたとき、医学の知識があれば冷静かつ適切に対応できるのだということを痛感した経験です。そしてそれは、大切な人を守ることにつながる力ともいえます。

「選択肢の多さ」は「幸福度」に直結する

私は常々、人間の幸福度は選択肢の数に影響を受けると考えています。つまり、いかに多くの選択肢を持っているか、それが多いほど比例的に幸福度は増す、という考え方です。

選択肢が豊富にある人は、予期せぬ事態に遭遇したときに逃げることもできます。例えば、上司からパワハラを受けている場合、「この会社で働く」以外の選択肢を持たない人は、どんなにつらくてもひたすら耐えるしかありません。一方で、他社でも通用するような優れた能力を備えていたり、安定した経済基盤を持っていたりする人であれば、「すぐにやめよう」という選択が可能です。「もっといい会社を探そう」「お金はあるからしばらく休養しよう」とすばやく決断し、その状況から脱することができるでしょう。

そう考えれば、子どもを医学部に入学させること、そのために親として環境を整えることは、子どもの人生の選択肢を増やす「投資」になりえるのではないか、と思います。医師免許を取得すれば、医師として働く道だけでなく、医療×ビジネスの現場で専門知識を活用する道や、医学部受験を通して培ったスキルセットを武器に、ビジネスの最前線で活躍する道も選べるようになります。それだけで子どもの人生の選択肢は相当に広がるし、これまで培った知識やスキルを活かせば外資系コンサルティング会社や外資系金融機関で働くのと同程度の年収は確保できるはずですから、経済的な不安の心配はあまりありません。

私は子どもに英語を習わせていますが、「日本にいる限り、英語を流暢に話せる必要はないだろう」と考える人もいるでしょう。しかし将来、日本経済が破綻したとしたら？　日本を脱出したほうが幸せに暮らせる状況になったら？　あるいは、子どもが大きくなって「海外に移住したい」と望んだら？――そんなとき、「英語が話せないから」という理由で、幸せに至る選択肢をあきらめてほしくないのです。私はそんな親心から、英会話スクールに投資しているのだといえます。

親の無知が子どもの幸福度を下げていく

ここで気をつけなければならないことは、「英語を習わせたのだから、将来は英語関係の仕事に就いてほしい」などと子どもに望まないことです。同様に、医学部に進学した子の親が、子どもに対し「医師になれ」と強制してはいけない、とも考えています。

親が子どもに「必ずこの仕事に就いてほしい」と望むのは、せっかく増えた子どもの選択肢を、親自身が潰してしまうことにほかなりません。高い学費を払って医学部に行かせるのですから、「将来は医師になってほしい」と願う気持ちはわかります。しかし、子どもの意思を無視しないこと、そして本人が選んだ選択肢を「いいね」と理解し、応援すること。その姿勢が、親には不可欠だと考えています。

私は、子どものみならず親、投資家、法人といったすべての人を対象に、金融リテラシーの向上を目指して金融の教育を行う事業を展開していますが、子どもと親を見ていて、子どもの学びがうまくいくかどうかは、親がきちんと勉強しているかどうかに大きく影響されるのではないか、と感じています。これは、私が以前塾の講師として働いていた経験からもいえることです。

例えば、なかには「自分の出身大学以外の選択肢は認めない」という親もいることと思いますが、子どもにとっては、選択肢がひとつだけということは決してないはずです。もちろん、親の意見はひとつの見解として検討されるべきですが、「この大学しか認めない」というのは、親の無知に由来する決めつけにすぎません。親が自分の考えに固執していたり知識をアップデートしていなかったりといった理由で子どもの選択の幅を狭め、結果として幸福度を下げていることに、親自身が気づかなければなりません。そしてこのような親の決めつけは、子どもにとって好影響をもたらすことはないのです。

「学び」が必要なのは子どもだけではない

私は、子どもだけではなく親自身が学び、物事をフラットに判断する力を養うべきであると考えています。そして子どもにたくさんの選択肢を与え、「選択肢がたくさんあるから、何が起きても大丈夫だよ」と言ってあげられる存在であってほしいと思います。

とはいえ、子どもが心配なあまりにフラットな判断ができなくなることは、私自身にも覚えがあります。ただし、それも「親は子どもが心配だから視野が狭くなり、自分の考えを押しつけてしまう傾向にある」ということを理解しておけば、「自分は、考えを押しつけているだけなのではないか」「これではいけない」と気づくことができます。そのためにも、親の学びは非常に重要なのです。

もうひとつ認識しておきたいのは、「餅は餅屋」ということ。私の塾講師の経験上、受験においては、親は受験のことに口出しせず、塾の講師にまかせたほうがいい、と考えています。

塾の講師は、勉強や受験のプロフェッショナルです。受験にまつわる情報を常にアップデートし、志望大学の出題傾向や対策を把握したうえで、学ぶべき内容を指示しているはずです。保護者が必要以上に口を出すことはもちろん、「受験範囲を100％勉強しなさい」などとアドバイスするのは、絶対に避けたほうがいいのです。

ただし塾選びにおいては別で、良い塾、子どもに合った塾を見抜くのが保護者の役割です。まずはその塾の実績を知り、次に子どもの現状や性格と塾のスタイルが合うかどうかを検討することが重要です。その2つの観点から最適な塾を選ばなければなりません。自分の現状を直視したくない子どもに代わり、厳しい目で塾を選び、「ここだ」と決めたらあとはプロフェッショナルを信頼してまかせることが、親として賢いあり方なのではないでしょうか。

変化の激しい時代だからこそ、よりたくさんの選択肢を

人間の価値観や考え方は時代の変遷に合わせて、あっという間に変わっていくものです。私自身、社会人になったばかりのころは「起業はしない」「海外に行くことはない」と断言していて、当時は本気でそう考えていたのですが、10年経った今になって考えると、起業もしているし海外に住むという経験もしました。当時の考えとは真逆の人生を歩んでいます。

小学生のころは「将来はパイロットになりたい」と言っていたのに、実際にはまるで違った職業に就いていたというのは、よくある話です。幼いころと大人になってからでは、自分の適性の把握度合いも違いますし、成長するにつれ考えも変わる、それは当然のことです。

ところが、自分の適性を理解し、自分の頭できちんと考えられる年齢になっていた私でさえ、当時の考えとは真逆の人生を歩んでいるわけです。そ

う考えると、子どもがこれからどう生きていくかなんて、まったくわからないと思っておいたほうがいい。だからこそ、潰しが効く、そしてどんな状況でも生き抜ける強い武器を持っておくことが重要なのです。

コロナショック以降、「不確実性が高い社会」という表現がよく用いられますが、そのような状況においては、多くの選択肢を持っている人のほうが人生の充実度は高くなると思います。不確実な場面はたくさんあります。例えば、現代日本では、3組に1組が離婚するとも言われており、自分の子どもは離婚しないとは、誰も断言できません。身近なことも予想は難しいです。新し、世界的に影響を与えるような出来事は、より予想が難しいものです。新型コロナウイルス感染症の流行やロシアのウクライナ侵攻を誰も予想できなかったのと同じく、未来に何が起こるかは、誰にもわかりません。

つまり未来予測というのは、変化の激しいこの現代においては、ほとんど意味がないともいえます。ただし、「わからないから」といって何も対応しないでいると、時代の流れに押し潰されてしまうことは必至です。ある程度の備えをしておけば、完璧な形ではないにせよ、時代の変化を乗りこなせる可能性は確実に上がります。最悪のシナリオを描き、想定外のことが起こったとしてもすぐに路線変更できるような選択肢を、子どもにたくさん揃えておいてあげること。それが、今この時代を生きる親の役目なのかもしれません。

そう考えると、医学部受験を通して「仕事にも人生にも役立つ盤石な専門知識」や「どんな業種・業界でも活きるスキルセット」「頑張ってきたという自信や成功体験」を子どもに与えることは、最強のリスクヘッジともいえるでしょう。そしてそれは親にとって、これ以上ないほどリターンの大きい投資と捉えることができるのではないでしょうか。

おわりに

「医師になりたいという夢を応援したいけど、具体的に何をしてあげたらいいのかわからない」
「うちの子、この成績で本当に医学部を目指せるのかしら」
「医学部を目指すと自分から言ったのに全然勉強に身が入っていない」
「心配をして注意をしても、子どもが言うことを聞いてくれない」
「やっぱり医学部はあきらめさせたほうがいいのかしら……」

医学部を目指されるお子さまを持つ保護者さまは様々なお悩みをお持ちだと、「はじめに」で書きました。

医学部合格は、現代の日本において最も過酷な受験勉強を勝ち抜かなければいけない「狭き門」であり、保護者さまの負担も少なくない。医学部に合格しても医師国家試験があり、医師免許を取得した後には2年間の臨床研修が続く、さらに、一人前の医師になってからも、自分の判断や行動が患者さんの生死に直結するという非常に大きな責任を背負いながら働くことになる……とも書いています。

それでも、特別寄稿で森永氏がおっしゃっているように、予測不能な未来を案ずるよりも、何があっても対応できる知識やスキル、自信や成功体験をお子さまに与えることが、不確かな未来を生き抜く力となって、お子さまが幸せに生きることにつながるという考え方は、視点は違えど京都医塾と共通しています。

私たちは、医学部専門予備校ですが、医学部を目指すことがほかの何より良いことだとはお伝えしていません。また「京都医塾に入塾すれば、必ず合格できますよ」とも言いません。それは、医学部に進学することや、医師免許を取り医師として生きることは、多くの人生の選択肢のうちのひとつにすぎないからです。

しかし、その人生の一選択肢にすぎない医師への道を選び、さらに、そのひとつの通過点に過ぎない医学部受験を覚悟を持って全力で戦うならば、その経験と時間は必ずや糧となり、その後の人生において困難に直面した際にも前に進み続けるための大きな原動力になる、とも考えています。

まだお答えしていない質問があります。

「実は医学部に行きたいと思ってるんだけど」とある日突然、お子さまが言い出したときに、保護者さまの頭に浮かんだ質問です。

『うちの子、医学部ってアリですか？』

あるいは、高校1年生で「学校の担任の先生に、次の面接までに理系か文系か決めなさい、って言われたんだけど、どうしよう」。そんな子どもの言葉を聞いて、保護者さまの頭によぎった質問かもしれません。

『うちの子、医学部ってアリですか？』

お子さまが医学部受験をされていて、残念ながらうまくいっていない。そんなときに、つぶやかれる保護者さまもおられます。

『うちの子、医学部ってアリですか？』

京都医塾はすべての質問に自信を持ってお答えします。

「もちろんアリです！　ただし、お子さまにも保護者さまにも『本気の覚悟』が必要です！」

人生の転機、その瞬間に、「本気の覚悟」を持って、本物の医学部受験を始めるために、あるいは、「本気の覚悟」があるかを見極めるためにも、まずは京都医塾の医学部合格診断を受けていただければと思います。

私たち京都医塾も、スタッフ一同「本気の覚悟」でお待ちしています。

［著者略歴］

医学部専門予備校 京都医塾

「京都医塾」という名前は、私たちの教育理念そのものです。地元京都を大切にしていること。将来医師を目指し、いのちを救う現場で働き、社会に貢献したいという強い希望を持った人たちを応援したいこと。そして、「本気の覚悟」さえあれば、どんな生徒さんも受け入れ、一人ひとりと真正面から向き合う。揺るぎない独自の教育理念を貫く「塾」という名に誇りを持っていること。そんな私たちの想いが込められています。

うちの子《こ》、医学部《いがくぶ》ってアリですか？

2024年1月1日　　初版発行

著　者　　医学部専門予備校 京都医塾

発行者　　小早川幸一郎

発　行　　株式会社クロスメディア・パブリッシング
〒151-0051 東京都渋谷区千駄ヶ谷4-20-3 東栄神宮外苑ビル
https://www.cm-publishing.co.jp
◎本の内容に関するお問い合わせ先：TEL(03)5413-3140／FAX(03)5413-3141

発　売　　株式会社インプレス
〒101-0051 東京都千代田区神田神保町一丁目105番地
◎乱丁本・落丁本などのお問い合わせ先：FAX(03)6837-5023
service@impress.co.jp
※古書店で購入されたものについてはお取り替えできません

印刷・製本　　株式会社シナノ

　ISBN978-4-295-40913-7　　C0037